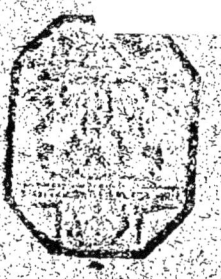

DÉVELOPPEMENT

DES

ABUS INTRODUITS

DANS

LA FRANC-MAÇONNERIE.

N°.

Monnet inv. del.   Louis le Grand Sc.

ÉCOSSOIS
DE
SAINT-ANDRÉ
D'ÉCOSSE,
CONTENANT

Le développement total de l'Art Royal de la Franc-Maçonnerie, & le but direct, essentiel & primitif de son institution, dont le premier Collège est établi à Metz : avec des Notes Historiques & Critiques par un Enfant de sept ans qui ne compte plus.

Les Enfans de la Sagesse sont une assemblée de Justes.   ECCL. ch. III. v. 1.

par le baron de Tschoudy

A PARIS,
Chez le Frere VÉRITÉ, au Grand-Globe François.

M. DCC. LXXX.

AVERTISSEMENT.

PAR Développement des Abus qui se font introduits dans la Franc-Maçonnerie, nous entendons la collection de tous les Grades qui se sont impatronisés dans l'Art Royal; lesquels ne s'acquérant qu'à grands frais, malgré leur futilité, n'en sont pas moins le germe des discordances frappantes qui donnerent l'existence aux différens schismes répandus parmi nous, & qui successivement en seroient naître une fourmilliere. Ces Grades, & ce qui a rapport aux différens schismes qu'ils ont enfantés, seront imprimés chacun séparément, avec un Nº. en blanc, afin que les Amateurs puissent les réunir dans l'ordre qui leur conviendra.

Nous avons commencé par celui d'*Ecossois de Saint-André d'Ecosse*, & nous suivrons successivement par les Chevaliers d'Orient, le Rose-Croix, & le Chevalier de l'Aigle ou K. S., Grand-Inspecteur, Grand-Elu; parce que ceux-là sont crus par la plupart des Franc-Maçons le *nec*

Ecossois.   A iij

plus ultrà de la Franc-Maçonnerie, & que la véracité avec laquelle nous préſenterons ces Grades factices, illuſoires, fanatiques, ſi juſtement proſcrits & rejettés par les Sages, ſera une preuve de l'exactitude de ceux qui ſuivront, & dans leſquels les Maçons, comme les ſoi-diſans Maçons, trouveront à glaner.

Les Notes hiſtoriques & critiques qui y ſont jointes, agréables aux uns, déplaiſantes aux autres, ſerviront à éclaircir la matiere de l'origine de la Franc-Maçonnerie que nous ne nous flattons point d'avoir portée juſqu'à l'évidence. Mais nous pouvons eſpérer que la Loge Nationale, ſe diſant Grand-Orient, ſi fertile en *tours de paſſe-paſſe*, qui fait ſi bien faire adopter les invraiſemblances, *les contrariétés*, les FAUSSETÉS *les plus notoires*; qui, plus ſavante en l'art des preſtiges que ne le fut la Pythoniſſe d'Endor, qui ne ſavoit qu'évoquer les ombres, tandis que celle-ci fait paroître *à ſa Barre* A PARIS *& en ſuppliant*, un Frere de Montauban en Quercy, TANDIS QU'IL ÉTOIT A MONTAUBAN, tandis qu'il n'eſt jamais venu à Paris, tandis qu'il étoit OPPOSANT aux Manœuvres Nationales dont sa Loge a été la victime ; que cette Loge Nationale, disons-nous, qui, en faveur d'un intérêt pécuniaire, a mis au nombre de ses Enfans des Écossois-Saxons-Strasbur-Lyo-Burdigaliens, sans en connoître le Régime ni l'Esprit, n'ayant pas même *la permission d'inspecter leurs œuvres*, directement opposées aux siennes ; qui réunit dans son sein des Freres si Parfaitement instruits, qu'elle se sert d'une Planche de Constitutions & Certificats *dont elle ne connoît point les emblêmes* ; qu'après avoir escamoté ce dessin du Propriétaire légitime, elle a mis à droite ce qui devoit être à gauche, & à gauche ce qui devoit être à droite, dont l'ignorance *n'a pu suppléer* aux soubassemens des colonnes qui manquoient au dessin, & qui sont vuides dans les exemplaires qu'elle en a fait & qu'elle fait journellement distribuer ; & qui, par une effervescence inconcevable, a retran-

A iv

ché LA FORCE dans les emblêmes qui lient les deux colonnes avec le pavé mosaïque, pour y substituer SA QUALITÉ ESSENTIELLE, LA VENGEANCE, *par une tête transpercée en sautoir d'une épée & d'une torche ardente :* A FEU, A SANG *est sa devise* ; qui réunit encore dans son sein des Commissaires SOI-DISANS SOUVERAINS, si délicats, si honnêtes, si justes, qu'ils préconisent le vice, pour tâcher d'altérer la vertu ; qu'ils exaltent le coupable, pour chercher à flétrir l'innocent, & ce, SCIEMMENT & FROIDEMENT ; ayant, disoient-ils eux-mêmes, *plus de pieces qu'il ne leur en falloit, pour punir le F. coupable*, d'après l'offre qui leur étoit faite d'en communiquer d'autres, au cas que celles *remises ne fussent pas suffisantes* ; qui, par suite de cette même délicatesse, ont fait imprimer leur prétendu Jugement ou Libelle, & l'ont répandu même dans le Public avant que la Loge Nationale ou Grand-Orient en fût instruite ; ne rougissant point d'y déclarer QUE

LA RECONNOISSANCE PAR ÉCRIT D'UN COMPTABLE INFIDELE, RELIQUATAIRE D'UNE SOMME QUELCONQUE, N'EST PAS UN TITRE NI PIECE PROBANTE, ayant pardessus cela en main les pieces originales qui constatoient L'INFIDÉLITÉ du Comptable, qui déclarent *insuffisantes les déclarations du coupable pour pallier une action* QUE RIEN NE PEUT RENDRE EXCUSABLE, ... *téméraires & indiscretes*, ... *supprime le Mémoire du coupable*, ... *fait défenses d'en faire de semblables, sous peine de radiation & d'expulsion perpétuelle*; & qui, par un aveuglement sans bornes, renvoient à ce même LIBELLE SUPPRIMÉ, QUE RIEN NE PEUT RENDRE EXCUSABLE, pour chercher à inculper l'Innocent, contre lequel on se sert en outre de FAUSSES pieces, de FAUSSES inductions, de FAUSSES signatures. Nous ne finirions point, si nous voulions suivre cette trame odieuse. Cependant on ne sera peut-être pas fâché de voir comment le F. G*******, aujourd'hui l'un d'entr'eux, s'exprimoit après les avoir

quittés (1) : « Ces pervers, que nous ne
» pouvons plus reconnoître pour nos
» freres, ne nous ont répondu que par
» des injures & des menaces....; & ce
» Jugement, loin de nuire au F. L*****,
» servira au contraire de monument éter-
» nel de l'ignorance de ceux de qui il
» est émané, & de l'acharnement de
» quelques faux Freres, qui, sans être au
» nombre des Juges, *d'autant plus dan-*
» *gereux qu'ils étoient sous le rideau*, diri-
» geoient cependant sous main toutes
» les opérations......La publicité scan-
» daleuse de ce Libelle diffamatoire (*le*
» *prétendu Jugement Souverain*) qu'on n'a
» pas rougi de répandre avec profusion,
» je ne dis pas dans nos Loges, mais encore
» dans toutes les maisons, & jusques dans

---

(1) F. G......... a été l'un des Commissaires des quatre Colonnes ; il a connu les in-
trigues de cette violation des regles ; il en a eu
horreur, s'en est retiré, a suivi la G. L. jusqu'à
la nomination des Officiers en 1774 ; que n'ob-
tenant pas la place qu'il vouloit, il se retira au
mépris de ses engagemens, dont on dédaigna
de le punir.

» les cafés ; cette conduite odieuse, qui dé-
» cèle, aux yeux des personnes les moins
» éclairées, le projet inique & barbare
» de diffamer aux yeux du vulgaire un
» de nos principaux Officiers, & porte
» avec elle les caracteres de la haine la
» plus invétérée ».

Ce F. G*uill*** étoit alors Grand-Orateur, &, sur son réquisitoire, qui auroit eu d'autres suites sans les événemens atroces qui ont succédé en Octobre 1773, les prétendus Commissaires Souverains furent déclarés le 10 Septembre 1773, DÉCHUS DE TOUS LES PRIVILEGES MAÇONNIQUES, LEUR INTERDISANT A JAMAIS L'ENTRÉE DES LOGES RÉGULIERES, ET INCAPABLES D'ÊTRE PROMUS A AUCUNE DIGNITÉ DANS L'ORDRE. Depuis ce temps, ce même F. G*ouillard* a composé & fait imprimer *les Lettres critiques sur la Franc-Maçonnerie d'Angleterre*, vol. in-8° de 60 pages, où il maltraite beaucoup cette L. Nationale sur ses dons gratuits, la maniere de les lever, &

leur emploi ; l'ART DES GARGOUILLA-
DES ; le Nouvel Exercice à la Prussienne,
colporté de Ville en Ville jusqu'à Bordeaux par le Paillasse de la soi-disante Commission Souveraine, &c. &c. &c.: crimes de Leze-Majesté Nationale, qu'il effaça par un petit Libelle qu'il dirigea contre le F. L*****, & qu'il fit partager à l'*excrément* de la G. L., qui se trouvoient ségrégés des Offices de ladite G. L., en 1774, s'en prenant au F. L***** de ce qu'il n'étoit pas nommé Président de ladite G. L., & son frere Trésorier, faisant ainsi par humeur, & contre son cœur, bassement sa cour aux envieux du F. L*****, qui, par reconnoissance, lui faciliterent la RENTRÉE de la Loge Nationale, se disant Grand-Orient, qui s'en plaignit d'abord, & qui s'estima ensuite heureuse de cette acquisition : tant est variable l'essence, la nature & la composition de cette L. Nationale, se disant Grand-Orient, où les Disciples sont au-dessus du Maître, & les Enfans déchirent le sein de leur Mere.

Après avoir vu comment ce F. G. s'exprimoit sur cette Commission, c'est le lieu de faire connoître ce qu'en a pensé le F. V. de B. (¹), l'un des Commissaires de cettedite Commission, dans un Imprimé destiné à être adressé à toutes les Loges, & que la L. Nationale sut arrêter, comme elle avoit précédemment su le faire de la circulaire de la G. L. du 10 Septembre 1773, &c. Il dit : « Je vis avec déplaisir qu'on
» me donnoit un rôle dans un certain
» assemblage de seize pages d'impression
» (*le Libelle de la soi-disante Commission*
» *Souveraine*), où j'aurois désiré que
» mon nom ne se trouvât point employé. Je souhaiterois également que
» ceux qui s'occupèrent avec moi de
» l'affaire dont nous parlons, eussent
» imité cette même délicatesse à laquelle on applaudit page 8 de l'Imprimé (1). Malheureusement on vou

---

(1) Pour l'intelligence de ceci, il faut savoir que le F. V. de B. étoit le cinquième des Frères

» LOIT ÉCARTER TOUT OBSTACLE A
» DES CHANGEMENS PROJETTÉS, SOUS
» PRÉTEXTE DU BIEN GÉNÉRAL DE
» L'ORDRE, ET QUE QUELQUES VUES
» PERSONNELLES DIRIGERENT SOUR-
» DEMENT, ET LE BESOIN MAR-
» QUA LE FRONT DE LA
» VICTIME ». Tirons le rideau
fur cette fcene horrible, & fi, comme
il eft vrai, le Libelle du F. L. C. eft
UNE ACTION QUE RIEN NE PEUT
RENDRE EXCUSABLE, quelles qualifi-
cations donner au Libelle de feize pages,
intitulé PRÉCIS, JUGEMENT DÉFINI-

---

honnêtes qui avoient été nommés lors de la formation de cette commiffion, quatre d'entr'eux
l'ayant fucceffivement abandonnée à caufe des
malverfations qui s'y préparoient, & que celui-
ci, plus courageux, croyant empêcher le mal,
réfifta autant qu'il le put, jufqu'à ce qu'enfin
voyant qu'il n'y avoit aucune juftice à efpérer
de ces PERVERS, envoya fa démiffion, profitant
d'une L. du F. L. à laquelle il avoit affifté pour
la colorer. Deux autres Freres Commiffaires affif-
terent à cette même L. les FF. Lu. & Jo., mais
ne donnerent point de démiffion.

(15)

TIF ET EN DERNIER RESSORT, que les LIBELLES SUCCESSIFS, émanés de ce prétendu Grand-Orient, ont constamment appuyé par les déclamations les plus odieuses contre ce Frere, à qui en BRAVES GENS, on avoit ôté tous ses moyens de défense, par ***.
***************. *. **. ******.
.**.***.*******? Maçonniques? C'étoit bien l'homme expirant, dans les entrailles duquel de Lâches Assassins viennent porter le Poignard, & le Tourner sans Crainte comme sans Remords.

CETTE LOGE NATIONALE, soi-disant Grand Orient, qui, dans son annonce de la prétendue Installation du Sérénissime Grand-Maître, en octobre 1773, offre dans cette très-petite Fête (1), donnée par une Loge

---

(1) Cette petite Fête donnée par la Loge la Triple Harmonie à la Folie-Titon, son local alors, où chaque Frere paya son pique-nique, est portée dans les dépenses de la L. N. S. D. G. O. à 3348 liv. 10 sols. Voyez page 26 d'un *Salmi* imprimé *in-*4° de 80 pages d'impression, y com-

particuliere, à l'occafion de la naiffance du fils aîné du Très-Augufte Grand-Maître, le Spectacle D'UN SOLEIL COUCHANT AU NATUREL, QUI DARDOIT SES RAYONS EXPIRANS SUR L'OCCIDENT, ne fait-elle pas elle-même, par cet emblême, l'allufion la plus pofitive aux maux qu'elle a préparés à la Maçonnerie par la Chûte de la Lumiere & l'Exaltation des Ténebres. Confultons le ftyle *galimatianiffement-orientalé* de cette Planche à tracer, où l'on remarque que, pour couvrir la témérité de quelques Députés, qui ont ofé méconnoître la nomination du Séréniffime Grand-Maître, & empêché que l'on ne fcellât de fon fceau les actes Maçonniques, depuis environ le 15 Juin 1773 (après que l'on s'en étoit fervi depuis le moment de fon acceptation en 1771), « on fait ordonner par le

---

pris les intercallations, précédé d'un Libelle odieux en date du huitieme jour du premier mois 1774, où fe trouve l'état des dépenfes de cette L. N. S. D. G. O.

» Sérénissime G. M. d'appofer fon fceau
» à la délibération du 22 Octobre, &
» permettre d'en décorer tous les actes
» du *prétendu* Grand - Orient ». Les
difcours y joints, lardés de Calomnies
& d'Imputations, Propres & du Fait des
Imputans, puifque les abus de l'ancienne adminiftration, contre lefquels
on crie avec tant d'outrance, ne peuvent s'appliquer que de 1765 à 1771,
& que l'Orateur de la Chambre de Paris,
qui ne prononça pas le difcours le moins
indécent, étoit un des TRIUMVIRS
qui s'emparerent de toute l'adminiftration Maçonnique, pendant ces fix années, qui, en effet, ont caufé des maux
qui ne peuvent être égalés que par
l'avidité de quelques Loges de Lyon,
Bordeaux & Strafbourg, qui n'ont
pas rougi de fe compromettre comme
Citoyens & comme Maçons, en recherchant des pouvoirs étrangers chez
nos Rivaux, que l'ignorance adopte
pour nos Maîtres, croyant par-là
dominer leurs Freres; nous efpérons
Ecoffois.

disons-nous enfin pour abréger, que cette L. N. S. D. G. O., qui semblable à la matiere premiere, réunit tous les extrêmes & tous les opposés, parviendra à porter l'évidence sur cette origine, & que trouvant des alimens dans notre *Développement des Abus introduits dans la Franc-Maçonnerie*, elle se régénérera en profitant des vérités éparses que nous lui présentons, ou qu'elle se dissolvera par l'action du feu de réverbere inhérent à sa propre substance.

L'on sent que pour compléter notre *Développement des Abus introduits dans la Franc-Maçonnerie*, on réimprimera toutes les pieces intéressantes, tant de la S. G. L. que de la L. N. S. D. G. O., avec les Notes nécessaires à leur intelligence. Il en est quelques-unes qui n'ont pas été imprimées, & qui méritent de l'être; nous ne les oublierons pas, & nous pouvons assurer d'avance que l'on sera plus instruit de Maçonnerie, après une premiere lecture seulement, qu'on ne le seroit en mille années (si l'on pouvoit vivre ce terme) d'assiduité aux Loges de ce siecle & les dépenses énormes qui en sont la suite. Que l'on en juge par ce seul Grade, qui n'est encore rien eu égard à bien d'autres.

Indépendamment de la foule des Grades sous toutes sortes de dénominations que nous donnerons successivement, qui ne peuvent s'acquérir qu'à grands frais, quoique très-imparfaits, comme les Notes y jointes le démontreront, nous faisant une loi de ne rien changer aux textes ou à la maniere dont se conferent ces Grades; ainsi que l'immensité des pieces tant imprimées que manuscrites, qui ont rapport à l'Histoire de la Maçonnerie Françoise, dont il sera fait choix de ce qui est utile au développement de la vérité ou de l'intérêt des faits: nous donnerons un TABLEAU GÉNÉRAL DES LOGES DE FRANCE, avec des Observations ou Notes Historiques sur la plupart d'icelles, tirées des sources les plus positives & les moins sujettes à contredits.

Ce Tableau, qui réunira le développement des différens Instituteurs, à la date la plus exacte de l'érection des Loges, présentera des anecdotes qui ôteront la sécheresse & l'aridité des extraits qui en ont été publiés, tant par la L. N. S. D. G. O., que par les Maîtres qui se disent former le seul & unique Grand-Orient de France; & en faisant connoître les FAUX de l'un, il rectifiera les inepties de l'autre, où l'on place vingt Loges à Libourne, tandis que celle qui y existe, constituée par l'Amitié de Bordeaux, au mépris de ses obligations, ne s'y trouve point comprise.

la chaussée Le relevé des Loges constituées subrepticement par le F. L. C. & Adhérens, pendant la suspension des travaux de la G. L., & les circonstances y jointes, démontreront invinciblement l'infamie dont se sont couverts les soi-disans Commissaires Souverains, dans leur prétendu Jugement Souverain du 13 Août 1773, répandu dans le Public tout imprimé, avant sa présentation & sa confirmation en l'Assemblée générale

Loge Nationale soi disant au Grand Orient

de la L. N. S. D. G. O. le premier Septembre suivant.

Il servira encore à apprécier les réclamations indécentes des L. de l'Amitié de Bordeaux & des deux Loges réunies de Lyon, contre la Nomination du Sérénissime Grand-Maître, qui, par leur astuce, entraînerent quelques Loges dans leur révolte. Les intérêts particuliers de quelques Membres de la Capitale leur procurerent des alimens, & donnerent l'existence à cette L. N. S. D. G. O., qui renverse les anciens erremens de la Hiérarchie Maçonnique. L'appréhension d'être recherchées, peut-être punies, pour avoir envoyé un Député à Londres, à l'effet d'obtenir des pouvoirs de la G. L. d'Angleterre, en offrant de soumettre tous les Maçons François à son Régime, nécessitoit le bouleversement qu'elles ont opéré pour s'assurer l'impunité d'un crime de Lèze-Citoyen, de Lèze-Maçon.

Cette Collection sera terminée par un Dictionnaire de Morale, de Physique, de Métaphyſique, Emblématique & Hiſtorique à l'uſage des Franc-Maçons ; & pour la commodité des Freres, on leur fournira les ſeuls articles qu'ils déſireront, ſans être tenus à prendre la totalité.

Ce Grade d'Écoſſois d'Écoſſe, qui a donné naiſſance aux Écoſſois-Saxons-Strasbur-Lyo-Burdigaliens, n'ayant pas beſoin de Tableau de la Loge, & ne voulant point le priver du mérite d'une Eſtampe, nous y joignons le ſoubaſſement annoncé, avec l'Inſcription qui a été adreſſée pour le Concours, & qui, juſqu'à préſent, nous a paru mériter la préférence.

Ceux qui ſuivront auront leur tableau de la Loge.

INSCRIPTION.

Noirci, Calomnié, Proscrit,
Par ceux qu'il appelloit ses Freres;
Deux fois dans les cachots conduit,
Chargé de fers & de miseres;
Sa grande ame, en se soumettant
Aux événemens de la vie,
Surmonta en leur pardonnant
Leur plus affreuse calomnie.
Content de sa seule équité,
Méprisant leur cabale infame,
Par Force, Sagesse & Beauté,
Il parvint à briser leur trame.
O toi ! quel que tu sois, Maçon,
Contemple ce buste sublime !
Il fut l'appui de la raison,
Et l'exterminateur du crime.
Fais comme lui; en Vrai Maçon,
Fuis, déteste, abhorre le vice,
La chaussée de perdition,
L'orgueil & tous ses vains caprices.
Des Faux Freres s'il fut persécuté,
Par eux s'il vit ternir sa gloire,
Pour l'ornement de la postérité,
Les Vrais Sages l'ont mis au Temple de Mémoire.

F∴ de G∴ V∴ M. de la R. L. D. S. E.
à l'Orient de Bordeaux.

DISCOURS
HISTORIQUE

Du Grade sublime des quatre fois respectables Maîtres Ecossois de SAINT-ANDRÉ D'ÉCOSSE.

SI la tradition soutenue & perpétuée pendant un nombre de siecles, & transmise sans une altération notable d'âge en âge, peut jamais rendre un fait quelconque, équivalent à ces vérités historiques consacrées dans les écrits les plus respectables, & rendus authentiques par le rapport de la plus exacte chronologie ; si la convention des hommes, loi premiere essentielle, la seule peut-être qui dans la société civile puisse accréditer quelqu'objet, suffit pour fixer les raisonnables incertitudes, les doutes philosophiques qu'un esprit scrutateur, & déprévenu oppose d'ordinaire aux allégations dénuées de preuves ; enfin, M. C. F. , si le respect aveugle que l'on accorde à l'antiquité, l'amour-propre qui met si souvent sa gloire à reculer l'époque de nos idées, à dater l'origine de notre existence dans les espaces immenses des temps antérieurs & presqu'inconnus, doit autoriser, déterminer notre consentement, asseoir nos prétentions, légitimer nos anecdotes, justifier nos allégories & nos pratiques : alors regardant pour constante la source d'où l'on raconte que les Maçons ont puisé leur être, n'hésitons plus, M. F., de croire que le moment qui vit naître notre sage confraternité, fut celui auquel le plus sage des Princes employa ses trésors à la construction du superbe édifice qui devoit servir à manifester la gloire de l'Eternel & la piété du Monarque.

Que ce soit une vérité à l'abri des contradictions qui la combattent, que ce soit une fable ingénieuse étayée de la bonne foi, & suffisamment reçue pour avoir pris consistance, toute décousue qu'elle puisse être en effet, c'est ici, M. F., ce qu'il importe peu d'examiner. Il suffit qu'une croyance honnête ennoblisse le principe de notre association pour s'y arrêter avec plaisir ;

il est plus facile de seconder les hommes & de les rendre meilleurs, à l'appui d'une erreur utile & sage, que de les éclairer ou de les convaincre par des raisonnemens qui détruiroient leur satisfaction, ou renverseroient quelques-uns de leurs usages. Toute hypothèse est admissible lorsqu'elle n'emporte rien de vicieux dans la maxime, dans l'habitude ou dans la forme de procéder. Ceux des Maçons furent toujours décens, conformes à la plus saine morale; leurs liens sont ceux des vertus humaines, civiles, religieuses & patriotiques. Suivons-les dans la vaste carrière de leur enthousiasme; & si jamais leur marche ne s'est ralentie, si toujours fermes dans le sentier du bien nous ne voyons pas qu'ils s'en soient écartés, ou que leur doctrine leur en fasse courir les risques, gardons-nous d'un schisme dangereux; partons avec eux du même point: à quelques modifications près, nous arriverons au même but; c'est ce même but, caché pour des milliers d'hommes, de Maçons, que vous allez voir aujourd'hui à découvert, M. F.: rapprochons les objets, je vous prie.

Salomon, destiné par l'Eternel à

B ij

l'accomplissement des Prophéties, exécute ce que son pere avoit seulement projetté; il éleve un Temple magnifique & vaste, dont la description & les mesures se trouvent dans le plus grand détail au troisieme Livre des Rois. Pour un édifice aussi considérable il faut un nombre prodigieux d'Ouvriers, cela se conçoit; une abondance complete de materiaux en tout genre, cela se devine. Salomon s'adresse à tous les Princes ses alliés & voisins; il en est peu qui ne concourent au succès de son entreprise: ici le propriétaire des forêts fameuses du Liban permet la coupe des plus beaux cedres; là des carrieres, jusqu'alors inconnues, s'ouvrent sous la pince laborieuse qui fouille leur sein, & les marbres les plus précieux en sortent pour l'embellissement de ce chef-d'œuvre de l'Art; la pourpre de Tyr, les riches productions des mines les plus rares se joignent aux collections nécessaires qui doivent former ce grand tout; chacun à l'envi s'empresse d'aider le Roi des Juifs. Tel un Roi généreux & vraiment grand, qui n'auroit jamais que des projets pieux, utiles ou magnifiques, trouveroit toujours des amis &

des secours ; & l'on n'a point de peine à se figurer que pour ajouter du prix aux présens, ceux qui envoyerent à Salomon firent tout préparer de maniere qu'il n'y eût, pour ainsi dire, qu'à mettre en œuvre.

Cependant la présence du Monarque anime au travail, excite l'émulation de toutes parts ; les Ouvriers s'offrent d'élever cette prodigieuse masse dont le poids glorieux va bientôt orner la Cité Sainte, & étonner l'Univers. Il ne manque au succès de l'entreprise que des Chefs qui la dirigent, qui maintiennent l'ordre, qui distribuent l'ouvrage, qui rangent la classe des travailleurs, fixent leur salaire, fassent leur décompte, & président à tout l'ensemble ; sans cette précaution, l'esprit de tumulte & d'indiscipline, fils de la foule & pere du désordre, anéantiroit bientôt un monument auguste, avorté dès sa naissance ; & renouvelleroit ces temps malheureux, que la confusion de Babel n'a que trop immortalisés.

Salomon le prévoit, & sa sagesse recherche soigneusement les hommes habiles qui sont nécessaires au succès de son dessein. Instruit qu'Hiram, Roi de

B iij

Tyr, accordoit sa confiance à un certain Hiram ou Adoniram (1), fils d'une veuve de la Tribu de Nephtali, & d'un

---

(1) L'Auteur confond Hiram Abif avec Adoniram, Intendant des Jardins de Salomon. *Rois*, *liv*. III, *ch*. V, *v*. 13 & 14. Le Roi Salomon ordonna trente mille hommes (pour couper les cedres du Liban), & Adoniram avoit l'intendance sur tous ces gens-là. *v*. 15 & 16. Salomon avoit soixante-dix mille manœuvres qui portoient les fardeaux, & quatre-vingt mille qui tailloient les pierres sur la montagne, sans ceux qui avoient l'intendance sur chaque ouvrage, qui étoient au nombre de trois mille trois cents. *Deut. ch.* VII, *v*. 13, 14 & 15. Le Roi Salomon fit venir aussi de Tyr Hiram, qui étoit fils d'une femme veuve, de la Tribu de Nephtali, & dont le pere étoit de Tyr. Il travailloit en bronze, & il étoit rempli de sagesse, d'intelligence & de science pour faire toutes sortes d'ouvrages de bronze. Hiram étant donc venu trouver le Roi Salomon, fit tous les ouvrages qu'il lui ordonna. Il fit deux colonnes de bronze, &c. &c. &c. *Rois*, *ch*. IV, *liv*. III, *v*. 6, & Adoniram, fils d'Abda, étoit Surintendant des Tribus. Comment confondre deux hommes aussi distincts l'un de l'autre? Cette erreur a paru trop grossiere pour la passer sous silence.

pere Tyrien, Ouvrier habile & fameux, sur-tout pour le dessin, les tissus riches, la sculpture & les fontes en bronze, en argent, en or, les teintures précieuses, & la taille des marbres. Il pria le Roi de Tyr de vouloir bien le lui envoyer; sa demande lui fut accordée, ainsi qu'il est marqué au chap. II du Liv. II des Paralipomenes. Adoniram arrivé près de Salomon fut essayé dans tous les genres de son talent, & ayant été trouvé d'une capacité encore supérieure à sa renommée, le Roi ne crut pas pouvoir l'employer plus utilement, dit la tradition, qu'en le chargeant de la conduite de tous les travaux; elle ajoute qu'il en fut établi Chef, & que son premier soin fut d'abord de s'assurer de la partie à laquelle chaque Ouvrier étoit propre, & de les diviser en conséquence en quatre classes; savoir, des Apprentifs, des Compagnons, des Maîtres & des Architectes : les premiers occupés aux fonctions lourdes, & de simples manœuvres, recevoient un moindre salaire que les seconds destinés à la recoupe des pierres; les Maîtres, que de nos jours on appelleroit des Piqueurs, rapportoient aux deux premieres classes le tracé, les mesures &

le plan qu'eux-mêmes recevoient, vraisemblablement des Architectes, quatrieme classe supérieure, choisie sans doute des hommes les plus habiles, les plus consommés dans l'Art de la Bâtisse, & que l'on ne peut gueres regarder que comme les Adjoints, le Conseil & les principaux Agens d'Adoniram, dont le coup-d'œil, attentif à tout, n'auroit pu se porter par-tout à-la-fois, sans ce secours. Jusques-là nous n'appercevons qu'une forme donnée au corps épars & nombreux des Ouvriers du Temple, qui se montoit à plus de 150,000 d'une part, & 70,000 d'une autre, destinés aux fardeaux, 80,000 destinés à la coupe des pierres dans les montagnes, & 3600 préposés à l'inspection des travaux, apparemment la classe des Architectes, ainsi qu'il est dit au Liv. II, Chap. II des Paralipomenes. Mais nous ne voyons aucune trace d'initiation symbolique ou mystérieuse, usitée ni prescrite pour l'enrôlement de ceux qui se dévouoient aux ouvrages, ou par choix, ou par nécessité de profession; à cela près, il ne résulte aucun inconvénient de supposer qu'Adoniram, après la distribution des Ouvriers sous différens districts, que l'on consentira de nommer des classes, après avoir déterminé l'espece d'œuvre relative à chacune d'elles, & assigné de suite des salaires proportionnés, n'ait aussi pris des mesures prudentes pour éviter toute surprise, pour mettre un ordre invariable dans les paiemens, n'être point au hasard de confondre les appointés d'un rang à l'autre ; & que ne pouvant physiquement, ni par lui, ni par ses Adjoints, distinguer dans un nombre de près de 300,000 travailleurs (1) chacun d'eux à la physionomie, ou par son nom, il n'ait imaginé le moyen de déterminer chacune des classes par un mot de ralliement & de convention distinctif pour chacune, inconnu à la suivante, sur lequel mot elles auroient reçu le salaire qui leur étoit dévolu. Delà les noms J. & B., attributifs aux deux premiers grades, & pris de la similitude des deux premieres colonnes de l'édifice, ainsi appellées peut-être du nom des Ouvriers qui en poserent les fondemens ; peut-être aussi d'une religieuse attribution de

---

(1) L'Auteur confond les ouvriers du Temple avec ceux qui tailloient les cedres du Liban & travailloient aux carrieres.

respect pour le G. A. de l'Univers, duquel dérive toute force & procede toute perfection. Ce même argument milite en faveur des Maîtres pour autoriser un mot également adoptif à leur classe. Qu'il en soit résulté le déplorable & tragique événement, qui fait de nos jours l'objet du troisieme grade de la Maçonnerie (1); que la perfidie & l'avarice de trois Compagnons ait porté leurs mains sacrileges sur la personne recommandable de leur Chef; que des Ouvriers plus zélés, enfants fideles & affligés d'un homme qu'ils regardoient comme leur pere, se soient mis à la recherche des meurtriers; qu'ils les aient atteints & punis; que le cadavre se soit retrouvé; que Salomon, Roi sage, & juste appréciateur du mérite, ait décerné les honneurs de la plus somptueuse sépulture à un sujet qu'il étoit dans le cas de regretter; que même par son ordre on ait élevé des monumens à sa mémoire; que l'or & le bronze aient reçu l'em-

---

(1) Pour un homme qui veut trancher du Législateur en Maçonnerie, c'est être bien peu versé dans la Science; car ce que l'on appelle ici troisieme grade de la Maçonnerie n'est que l'initiation.

preinte d'un poinçon habile pour consacrer à la postérité l'époque funeste de la fin d'un homme célebre, & conserver les mots qu'il avoit établis dans ses arrangemens pour rendre son souvenir plus durable, aucune de ces choses n'implique aucune absolue contradiction; & quoiqu'il n'en paroisse aucun vestige, ni dans les livres saints, ni dans les chroniques contemporaines qui attestent cette opinion, tout doit concourir à la faire admettre, puisqu'il en résulte les plus dignes objets de réflexions, & la morale la plus utile. Tribut de reconnoissance, il est dû au grand homme; commémoration continuelle de sa vie, de ses œuvres & de ses talens, c'est la plus digne récompense de la vertu, c'est un moyen sûr de stimuler à l'amour de sa pratique: d'autre part, considération infaillible sur les monstrueux excès des passions, horreur de s'y livrer, soin de les refréner, réflexions prochaines sur la trahison, sur l'ignominie qui en résulte, indignation contre les traîtres, punition du crime; tous ces objets bien médités présentent un tableau de mœurs, auquel il ne manque, pour le rendre complet (1), que quelques touches délicates de cette sage modération, prises dans les convenances respectives de la société, & dans les égards dus aux loix reçues & à la police générale.

Quoi qu'il en soit, Hiram meurt ; nous avons peu de peine de nos jours à le regarder comme tel ; mais le Temple s'acheve sans doute par les soins des Architectes, qui, admis dans son Conseil intime, avoient pris connoissance de ses plans, & combiné tous les moyens propres à la réussite. Quelques Ecrivains modernes ont prétendu que quatre-vingt-un Architectes furent substitués à un seul dans la conduite des travaux ; & cette allégation, féconde en nouvelles allégories, a multiplié un grade de prétendu Ecossisme, auquel l'Apprentif même du regne de Salomon ne reconnoîtroit plus les leçons de ses Maîtres. Peu importe, le Temple est achevé : voici le moment

---

(1) Que d'avoir su que ce prétendu troisieme grade n'étoit que l'initiation à nos mysteres, cette connoissance donnant & au-delà les objets regrettés.

décisif, & celui, continue la tradition, auquel il faut fixer précisément l'installation du grade de Grand Architecte, connu sous le nom de quatre fois respectable Maître Ecossois. Salomon, satisfait de la parfaite exécution de ses desseins, récompensa chacun de ceux qui y avoient contribué, & plus particulièrement les Adjoints d'Adoniram : il voulut qu'entr'eux seuls fût conservé le secret des Maçons ; & ce secret alors, si les combinaisons sont justes (*), dévoient être tous les plans, les mesures de l'édifice, le prix, les comptes des dépenses, les ressources dont on avoit usé pour se procurer les différens matériaux, leur espece, leur usage, leur emploi, la méthode de les adopter, l'ordre du travail depuis son commencement jusqu'à la fin de la septieme année, dans laquelle il fut consommé, afin que, si jamais cet édifice venoit à être détruit, il fût possible, ou de le restaurer, ou de le réédifier de nouveau par les mêmes moyens sur les anciens erremens, en perpétuant de race en race, par une transmission successive, ces connoissances nécessaires à des Ma-

---

(*) Secret primitif. — Que d'absurdités !

çons, qui, à dix siecles au-delà, devroient toujours leur origine aux premiers Ouvriers dont l'Art & le nom se perpétueroit à l'infini par une décadence & une filiation illimitée. C'est ainsi qu'un Roi, qu'un pere sage, occupé de travaux utiles, qu'il entreprend même au déclin de ses jours, jouit d'avance, & pour jamais, du fruit de ses soins; son œil s'égare dans les espaces immenses de l'avenir; pere de ses peuples, de ses enfans, son amour pour eux lit au loin les avantages, le bonheur, le bien-être, ou la gloire qu'il leur destine.

Tel fut sans doute l'objet de Salomon; il conduisit lui-même les Architectes au lieu de la sépulture de leur Maître, qui, dit-on, fut inhumé au milieu du Temple; & là ayant ouvert sa tombe, il y déposa ce trésor de connoissances Maçonniques, y ajoutant trois médailles d'or, sur chacune desquelles étoient gravés les mots d'Apprentif, Compagnon & Maître; enferma le tout dans une boîte quarrée d'airain, au haut de laquelle, sur une plaque d'or ronde, il fit graver dans un triangle équilatéral le nom de l'Etre suprême, cru l'ancien mot de Maître avant le meurtre, & qu'il attribua dèslors exclusivement aux Architectes pour le mot de leur grade : il leur donna en même temps une petite clef d'or, qui devoit ouvrir le premier scellé de la pierre qui recouvroit ce trésor ; & ayant tiré d'eux tous, les sermens les plus forts de leur discrétion sur ce qu'il venoit de leur confier, ou de leur prudence dans la maniere dont ils transmettroient ces connoissances lorsque le cas l'exigeroit ; il enregistra les noms de chacun d'eux dans un livre précieusement revêtu de lames d'or, auquel tous signerent de leur sang la validité de leurs engagemens : ce livre fut pareillement déposé au même lieu ; puis il les congédia chargés d'honneur & de présens. Depuis ce temps les Maçons constructeurs du Temple, leurs fils ou leurs neveux prirent la consistance d'un corps solide, tel que l'on voit de nos jours une Communauté quelconque d'Artistes s'élever dans le sein de nos Villes à l'abri de la protection du Prince, sous l'observance des statuts & atours qu'euxmêmes se seroient prescrits, ou qui leur auroient été donnés de l'autorité souveraine.

Telle est en substance la charpente

de la Confraternité des Maçons, leur base, leur élévation, leur existence. L'enchevêtrement des parties de ce grand tout n'est pas sans probabilité; & le temps qui détruit ou consolide, n'a servi qu'à fortifier de plus en plus leur union: c'est un arbre majestueux qui étend ses rameaux dans toutes les parties de l'univers. Le rapport, la conformité, l'unité d'usages, de pratiques & de symboles, auroient seuls suffi pour faire respecter une association qui prend sa source, sinon dans une vérité physique, au moins dans une allégorie sainte & vénérable. Les Maçons ont depuis ajouté à leur dénomination premiere l'épithete *francs* ou libres, sans doute parce que ceux qui dans la suite s'agrégerent à ce Corps quant à la pratique ou à la théorie, n'eurent d'autre impulsion que leur propre choix, & suivirent le mouvement spontané d'une volonté libre & indépendante.

Cet ordre ainsi établi sur des fondemens solides & inébranlables, devoit, ce semble, être à l'abri de tous les revers. Cependant il éprouva diverses révolutions, tantôt florissant, tantôt abattu, suivant que les successeurs de Salomon ont été bons & vertueux; enfin, au temps de la captivité de Babylone, il fut presque totalement éteint. Cependant même, dans cette captivité, il resta toujours un petit nombre de Freres qui, après ces temps prescrits pour la punition de la Nation Juive, trouvant Cyrus favorable à la Nation, obtinrent de lui la permission de rétablir le Temple : ce fut l'an des M. 485, que le Roi proclama l'Edit qui autorisoit le retour des Juifs dans leur Patrie; Zorobabel, Prince de la Nation, célebre par son courage & ses vertus guerrieres, se mit à la tête de ses compatriotes, & sans être inquiétés dans leur route, ainsi que le portoient les ordres du Roi de Perse, il ramena soixante-dix mille Hébreux à Jérusalem.

On sent assez qu'il faut renvoyer à cette époque l'idée du Grade introduit, depuis quelques années, dans la Maçonnerie, par une Nation dont le génie vif & fécond saisit tout, crée volontiers & promene son imagination, dont ensuite elle présente les captieuses rêveries pour des vérités lumineuses. C'est dommage seulement que l'Auteur hardi du Chevalier d'Orient ait eu en général trop peu de littérature pour habiller adroitement une fable inutile, & qu'également fautif dans la géographie comme dans les anecdotes historiques, la cheville ouvrière de sa nouvelle doctrine soit l'établissement d'un pont sur un fleuve guéable par-tout (1). La nécessité du passage du Jourdain ou Euphrate, auquel les Israélites tournoient le dos pour revenir chez eux, & l'étalage d'un nombre de combats dans le cours d'un voyage qui ne fut traversé d'aucun ennemi, ni troublé par la moindre incursion : *à cela près, l'estime que cette illustre chimere peut obtenir hors des limites de la France, où*

―――――――――――

(1) C'est sans doute en raison de cette ineptie, que les Chevaliers d'Orient de Paris, qui maîtrisoient tantôt sourdement, tantôt visiblement, la Grande Loge de France en 1765, 1766, jusqu'en Février 1767, qu'ils s'emparerent de tout en anéantissant cette Grande Loge, avoient fait graver le fleuve Starbuzanay chargé de sceptres, couronnes, têtes, &c., suivant le cours & au gré de ce fleuve, & passant devant le pont L. D. P., ou liberté de passage, sur la planche qui servoit à la G. L., pour délivrer les Lettres de Constitutions à tous les Maîtres de Loges ou aux Loges des Provinces : car on ne les croit point assez ignorans pour faire peindre un pont sur le rivage d'un fleuve sans motif mystique, allégorique ou emblématique.

les frivolités prennent souvent la place des objets solides, dépend des bonnes qualités de ceux qui s'y appliquent; & en le rapprochant mieux de l'histoire, ce Grade pourroit un jour se lier avec le nôtre (1).

―――――――――――――――――――――

(1) L'exactitude dont nous nous piquons, ne nous permet pas de passer sous silence le changement fait à cette phrase qui se voit à travers les ratures qui sont à l'original. Il y avoit : « A » cela près, LE PEU D'ESTIME que cette illustre » chimere a OBTENUE hors des limites de la » France, où les frivolités modernes prennent » souvent la place des objets solides, DISPENSENT » D'EN DÉMONTRER LA FUTILITÉ ». La raison de ce changement vient de ce que le F. Baron de Tschoudy, dans son voyage à Paris de 1766, ayant connu l'influence des Chevaliers d'Orient, se lia avec eux en faveur de l'amour qu'il portoit à ses productions; tendresse qui lui fit composer & donner au Public un Ouvrage en deux volumes *in-*12, intitulé l'*Etoile Flamboyante*, où il allie l'intérêt de son Grade à la haine des Chevaliers d'Orient contre un Frere qui les effaçoit. La charité Maçonnique nous dispense d'éteindre nos observations sur cet Ouvrage : mais nous devons dire un mot de l'établissement de ce Souverain Conseil des Chevaliers d'Orient. En 1762 ou 1763, le F. déchiré si cordialement, & si

Le fait essentiel & vrai, retenu dans les Livres saints, c'est le retour des

fort en butte aux Chevaliers d'Orient modernes, qui étoit membre de l'ancien College du F. de Vallois (dont l'Auteur parle ci-après), y proposa deux Freres, qui sur son témoignage furent admis. Soit qu'il se fût aveuglé, qu'il se fût trompé sur leur compte, il ne tarda pas à essuyer des reproches qui finirent par lui dire que le College ne s'assembloit plus & ne s'assembleroit plus. Ces deux Freres, imputant leur disgrace au premier, lui vouerent en secret la haine la plus implacable. Malgré que l'un des deux piquât journellement la table du premier, étoit de toutes ses Loges, & lui devoit plus d'une obligation, ces deux s'associerent un troisieme, qui, par sa charge de Dépositaire des titres Maçonniques, leur procura la connoissance d'un habitant du Nouveau-Monde, qui leur donna quelques notions de ce Grade. Alors ils firent un type; & y admettant le Trésorier, le Secrétaire-Général & quelques Freres, ils jetterent les fondemens de ce Souverain Conseil des Chevaliers d'Orient, qui se manifesta SOURDEMENT & PRODITOIREMENT en 1766, à l'occasion d'une délibération de la G. L. qui supprimoit les Meres-Loges qu'elle avoit établies l'année précédente. L'Auteur de cet Ouvrage, instruit de l'intérieur de la G. L., & voyant le

Israélites à Jérusalem, à l'exception de quelques-uns d'entr'eux, qu'ils laissèrent

Président, l'un des Surveillans, l'Orateur, le Secrétaire Général, le Trésorier, le Garde des Sceaux & Archives, &c., faire cause commune à la faveur de ce Grade de Chevalier d'Orient, crut non-seulement devoir ce changement à son Discours, & ceux que l'on remarquera ci-après, mais l'admission GRATUITE de son Grade, afin de lui donner la faveur qu'il lui croyoit mériter. D'un autre côté, il avoit des œuvres pies à exercer; & comptant sur la reconnoissance de ceux qu'il venoit d'initier, il demanda & obtint, pour un Frere infortuné, la faveur d'une quête qui lui produisit environ dix louis d'or. Nous ne rapportons ce fait, que pour prouver que les Maîtres de L. composant la G. L., malgré les sujets qu'ils avoient d'inconfiance envers les Chevaliers d'Orient, zélateurs de cette quête, ne laissoient pas de faire le bien lorsqu'ils le pouvoient, quoi qu'en disent les libelles multipliés que la Loge Nationale, se disant Grand Orient, qui est dirigée par ces mêmes Chevaliers d'Orient, a répandus & répand encore de trois en trois mois. A propos de cette Loge Nationale, sans parler des refus de secourir des Freres le méritant, dont il n'y a que trop d'exemples! Rappellons qu'un Frere, auquel ce Corps a les plus grandes obli-

à la Cour de Cyrus, soit comme ôtages, soit pour combattre les mauvais desseins des ennemis de la Nation Juive, qui chercheroient à barrer l'exécution du projet du rétablissement du Temple.

Arrivés à Jérusalem, ils trouverent tout dans la désolation; le Temple ruiné de fond en comble, de façon qu'il ne restoit que les fondemens de quelques anciennes murailles. La tradition, par une suite heureuse & nécessaire des premieres hypotheses, fait qui paroît assez plausible, ajoute alors, que dès-lors les descendans des Architectes du premier Temple, auxquels, suivant les renseignemens de Salomon, leurs peres avoient

---

gations de son existence, d'une considération & d'un mérite distingué, étant tout-à-coup tombé dans les catastrophes les plus cruelles qui l'obligerent pour l'instant de recourir à ses Freres, il n'en reçut de la quête, faite le jour de la Saint-Jean 1775, que le foible secours de trois louis & demi; & ce nouveau Grand-Orient, pour couvrir la dureté de son cœur, le calomnioit, tandis que les Freres qui s'étoient séparés de ce colosse éphémère, & pourquoi ils ont été si cruellement vexés, calomniés, &c., remirent trente-deux louis d'or pour payer son Avocat, dont la quittance existe entre les mains du F. L*****.

transmis le secret du dépôt fait dans son enceinte, fouillerent soigneusement les décombres; & après les avoir écartées, trouverent la tombe d'Hiram, la boîte d'airain & tout ce qu'elle contenoit, entre quatre bouts de colonnes brisées, un chandelier à sept branches encore entier, quelques vases, une cassolette & une table des Pains de proposition.

S'il étoit permis de s'arrêter un moment dans cet endroit; s'il étoit séant, sans s'appesantir trop sur la matiere, de raisonner un peu sur d'anciens usages, n'y auroit-il pas plus de probabilité à rapporter l'origine du cérémonial du Grade de la Maitrise, tel qu'il s'observe aujourd'hui, à cet instant où la tombe est retrouvée sous des décombres, plutôt qu'à l'époque contrainte que l'on en fixe ordinairement. Au reste, il y a prescription sans doute sur la maniere de croire un fait; & dès qu'une fois celle d'agir s'est alignée en conséquence, il faut simplement en revenir à cet axiôme ingénieux qui protege tant de paradoxes : Quand tout le monde a tort, tout le monde a raison.

Les Architectes ayant retrouvé le trésor indiqué par leurs peres, ainsi qu'il vient d'être dit, poserent les fondemens du nouveau Temple l'an de la M. 487. L'Art Royal, ainsi appellé de ce que le plus grand des Rois en avoit été le premier protecteur, épuisa toutes ses ressources pour rendre ce nouveau chef-d'œuvre encore supérieur au premier, sans altérer néanmoins les plans essentiels de la construction premiere: mais les obstacles que les ennemis de la Nation Juive opposerent aux progrès de cet édifice furent si fréquens, qu'il ne s'acheva enfin qu'en 503 par les soins continus des Architectes qui, restés auprès des Rois de Perse, s'efforcerent de maintenir leur bienveillance.

Le Temple étant rebâti, la Nation rétablie dans toute sa splendeur, l'ordre des Architectes auquel on devoit son érection reprit un nouvel éclat: mais les temps de gloire & de paix furent courts; les Juifs, par de nouveaux crimes, attirerent la colere du ciel, & les Romains, instrumens des vengeances du Tout-Puissant, vinrent attaquer la Judée, prirent & raserent Jérusalem, brûlerent le Temple, & disperserent les débris de ces Peuples depuis errans & fugitifs, l'an 1094.

Quelques-uns des Architectes, éclairés par l'événement fatal qui venoit de détruire

détruire leur Nation, voyant le sceptre de Juda brisé, témoins d'ailleurs de tous les miracles qui venoient de s'opérer en faveur du Peuple Juif, & qui n'avoient servi qu'à son endurcissement, jugerent enfin que les Prophéties étoient accomplies, & que les temps du Messie étoient venus. Alors, détestant l'aveuglement de leurs peres, ils embrasserent le Christianisme, & resterent dans la Terre-Sainte, où ils consacrerent dans le sein d'un petit nombre, & sous le secret le plus austere, les renseignemens anciens dont ils étoient demeurés les dépositaires, prenant plus de précautions que jamais, pour n'admettre à la connoissance de ces vieux documens que des gens éprouvés, & dont le talent, la vocation & la fidélité leur fussent garantis par des pratiques antécédentes, toujours analogues à la construction du Temple; ce qui donna lieu aux initiations symboliques, telles que nous les observons encore à présent.

Ce fut à-peu-près vers le même temps que quelques-uns de ces pieux Ascétiques, que la dispersion totale avoient contraints de fuir dans les déserts, reparurent sur la funeste scene des désolations de la Cité Sainte, &

s'y rassemblant sous le drapeau de la charité fraternelle & de l'amour de l'humanité, fonderent une sorte d'hospice en faveur des Pélerins qui visitoient pieusement les débris de Jérusalem dans le lieu même où jadis le Temple avoit été assis, d'où ils prirent le nom de Templiers; Ordre religieux dans son principe, astreint à des vœux d'étroite observance, tenus au célibat, & dévoués par leur volontaire institution au service des pauvres, qu'ils secouroient tant qu'ils pouvoient des aumônes qu'ils ramassoient, & du produit des terres que les nouveaux Maîtres de la Judée leur avoient permis de défricher pour leur propre subsistance : Depuis, Milice religieuse, leur épée s'est fait des droits des mêmes possessions, qu'ils n'avoient eues d'abord que d'une maniere précaire; au reste, dans tous les temps, Corps absolument distinct & séparé de l'Ordre Maçonnique des Architectes, dont l'origine, le but, les objets, les usages & les formes n'ont en aucune circonstance rien montré qui puisse les faire confondre. Ils fraterniserent néanmoins, liés d'intérêt pour les besoins communs; rien ne rapproche plus que la misere & les afflictions. Nos généreux ancêtres vécurent dans la meilleure intelligence avec les Templiers, dont l'institution primordiale n'annonçoit que des vues honnêtes, des vertus de spéculation réduites en pratique, & en général l'amour du bien. Les uns & les autres, de concert, suivirent long-temps le sort de leur pays, tantôt sous celui des Sarrasins; encouragés par l'exemple de quelques anciens Militaires leurs compatriotes, dont je tairai les noms, & dont la mémoire indépendante de toute fable est consacrée dans les fastes historiques, sacrés & profanes, ils espérèrent long-temps qu'un jour Dieu daigneroit jetter un œil favorable sur des lieux saints, où sa présence s'étoit manifestée lors de la loi première, & que sa naissance mystérieuse & divine venoit de consacrer par les bienfaits de la Loi de grace.

En attendant cette heureuse révolution, qui devoit les remettre en possession des domaines de leurs peres, & leur procurer les moyens de rétablir une troisieme fois le Temple; non plus pour y faire couler le sang des victimes, mais pour y célébrer, par d'éclatantes marques, les effets de la miséricorde & la victime sans tache dont l'immolation récente & surnaturelle avoit aboli le regne des superstitions grossieres pour y substituer les adorations délicates & les hommages du pur amour. Ils conservoient toujours entr'eux les pratiques de l'Art royal, qui tendoient à cette reconstruction. Ainsi les Chrétiens vertueux, tremblans sous les Dioclétiens, les Domitiens & tant d'autres, pratiquoient dans les entrailles de la terre, & dans l'obscurité des catacombes, les rits sacrés de leur croyance, dont la persécution & les circonstances leur interdisoient l'usage public & l'aveu solemnel. Enfin ils crurent toucher à la fin de leurs maux, & voir luire l'aurore de leur délivrance, lorsqu'en 2117 Pierre l'Hermite, ce Fanatique obscur, mais entreprenant, ameuta tous les Princes Chrétiens au recouvrement de la Terre-Sainte, & à la restauration des lieux augustes ; premier théâtre des bontés du Dieu de Moyse, scene encore sanglante de l'amour de son divin fils pour le salut des hommes !

A cette nouvelle que les aîles agiles de la renommée & la vîtesse du cri public porterent bientôt aux extrémités de la terre, les anciens Militaires (1), dont il a été transitoirement fait mention ci-dessus, & qui s'étoient retirés la plupart dans les déserts de la Thébaïde, sortirent de l'anéantissement dans lequel ils végétoient depuis si long-temps; & quittant leur solitude pour reprendre les livrées de leur véritable état, ils ne tarderent pas à rejoindre quelques-uns des leurs qui étoient restés à Jérusalem pour épier les occasions de se signaler. Ils les trouverent en liaison intime avec les Architectes dont la vie, les mœurs & les exemples, leur firent bientôt oublier les préjugés de la Religion Juive, pour se livrer aux lumieres de la foi Chrétienne, que ceux-ci avoient déjà reçue. Voyant d'ailleurs une parité complete dans leur zele quant à l'objet, puisque les uns & les autres avoient pour but le rétablissement du Temple, quoique sous des aspects différens, ils s'unirent aux Maçons, adopterent leurs usages, & déguiserent ainsi, sous les simples apparences d'une architecture spéculative, un point de vue glorieux auquel leur indigence actuelle leur ôtoit les moyens de donner

―――――――――――――――――――

(1) Epoque des Maçons en Europe, *dit l'Auteur*; ce qu'il ne faut pas croire.

un juste relief, & qu'ils trouvoient ainsi l'avantage de pouvoir encore mieux dérober aux regards curieux & jaloux, & aux malins commentaires de l'envie, résolus de concert d'aller se réunir sous les enseignes des armées croisées. Ils convinrent néanmoins qu'ils ne se soumettroient qu'à des Chefs qu'ils se seroient eux-mêmes choisis ; & nos Freres Militaires, comme censés plus connoisseurs en cette partie, furent dès-lors désignés pour tels d'un consentement unanime. Ainsi, par des combinaisons humaines, le doigt de Dieu traçoit déjà la place, qu'une primatie réelle, authentique & indispensable, leur auroit dévolue, si trop humbles, trop amis de la paix, pour réclamer des droits dans un temps contentieux, ils avoient été capables ou décidés à les faire valoir, ne doutant pas au reste que la particuliere méthode de leur association n'excitât bientôt la curiosité des Européens, & ne donnât goût à beaucoup d'entr'eux d'y participer ; présumant d'ailleurs, qu'en tout état de cause, il leur devenoit utile d'intéresser differentes Nations à leurs querelles ou à leurs desseins, ils concerterent dès-lors un formulaire d'inauguration fixe, dont les symboles &

les allégories prises de la construction du Temple, les ramenassent toujours au point de direction, & servissent en même temps ou à écarter la foule par la difficulté des surfaces, ou à s'assurer des sujets par leur constance & leur soumission. Dans un camp, au milieu d'une armée composée de tant de milliers d'êtres différens, entourés d'ennemis, tout devoit les rendre timides & prudens; & pour éviter toute surprise, ils joignirent à l'initiation, des mots, des signes, des attouchemens, pour se reconnoître même à des distances lointaines, & préserver ainsi leur secret des atteintes de la curiosité, de la trahison ou de la publicité. Delà sans contredit, toutes les cérémonies passées jusqu'à nous, & observées encore sans changement notable depuis un si grand laps de temps. Dans cet état, nos Freres, qui prirent le nom de Maçons libres, se présenterent à l'armée Chrétienne; ils y furent accueillis & bientôt distingués.

Les Templiers, piqués d'émulation, ne demeurerent pas oisifs, & laissant un petit nombre des leurs occupés aux fonctions hospitalieres dont ils n'auroient eu garde de se départir, puisque cet exercice, utile aux Belligérans, devenoit un véhicule à la confiance qu'ils vouloient s'attirer; les Templiers, dis-je, avec cette précaution, prirent les armes, & fous un Chef de bande, depuis érigé en Grand-Maître de leur Ordre, ils joignirent les Croisés: mais cette guerre, pour la plupart des Chrétiens ou des Guerriers de bonne foi source de fatigues, de pertes & d'infortune, ne fut pour eux qu'une occasion de butin & d'agrandissement; & s'ils se signalerent par quelques actions éclatantes, leur motif cessa bientôt d'être équivoque, lorsqu'on les vit s'enrichir des dépouilles même des confédérés, croître de crédit en raison du volume de nouvelles possessions qu'ils avoient envahies; pousser l'arrogance jusqu'à disputer en faste & en grandeur à des Princes couronnés; refuser des secours contre les ennemis de la foi, ainsi que l'histoire de Saladin elle-même le témoigne; s'allier enfin avec ce Prince horrible & sanguinaire, sous le nom du Vieux de la Montagne, Prince des assassins, & attenter de concert, avec lui, à des jours précieux & sacrés. Mais ce n'est point ici le lieu de retracer ces excès; loin de nous cet esprit de haine, qui, d'accord avec les ennemis de ces infortunés, leur prêta des torts & des crimes pour hâter leur perte & légitimer l'envahissement de leur tréfors ! Peut-être au moment de leur chûte, plus malheureux que coupables, c'étoit le terme marqué par la Providence pour la punition différée des délits antécédens. Il fuffit aux Maçons d'écarter toute idée de fimilitude & de comparaifon des Templiers à eux; le furplus eft étranger à l'hiftoire de la Maçonnerie, & nous a peut-être déjà trop éloignés de l'armée confédérée, à laquelle, comme nous l'avons déjà dit, nos Freres venoient de fe réunir. Pendant l'intervalle de neuf croifades répétées, l'on juge aifément que notre Ordre s'accrut & acquit au nombre de fes enfants des Chrétiens de tous les pays; plufieurs Princes s'y firent agréger, & nommément Godefroi de Bouillon, qui dut particulirement la couronne de Jérufalem aux actions courageufes de fes nouveaux Freres & des nôtres. Il convient de paffer rapidement fur les fanglantes images de ces neuf guerres religieufes, dont l'hiftoire a fidellement raffemblé toutes les circonftances, en obfervant feulement que ce nombre de neuf, fi révéré des Maçons, doit fon luftre à celui des guerres faintes, & non,

C v

comme on le pense, aux combinaisons de la regle de trois, ou aux supputations cubiques, ou au systême du calcul idéal & irrévérent imaginé sur les forces & puissances Trinitaires.

Après les premiers succès & le départ de l'armée Chrétienne, nos Freres resterent à Jérusalem, tant pour secourir & escorter les Pélerins que pour incommoder les Sarrasins dans leurs courses. Quatre-vingts d'entr'eux, sous la conduite de *Guimon* (1), passerent seulement en Suede munis de recommandation pour l'Archevêque d'Upsal, dont le zele pour la guerre sainte avoit vivement éclaté; nos Freres les avoient pour ainsi dire députés vers ce Prélat, pour l'engager à ranimer la ferveur des Princes confédérés. Il y réussit: l'entreprise se renouvella; & nos Freres, pour l'intéresser encore plus, s'il étoit possible, crurent devoir, avant de partir, l'initier à leur secret, de maniere qu'il pût même pendant la guerre conserver la

―――――――――――
(5) Origine du G. célebre dans la Maçonnerie. Nous dirions trop, si nous voulions relever toutes les erreurs contenues dans ce Discours Historique. Jamais la cinquieme Science n'a pu tirer sa célébrité d'un nom propre.

plus intime correspondance avec les Maçons libres, qui y étoient si généreusement occupés. Mais le succès, cette fois, ayant trompé toutes espérances, nos Freres crurent devoir mettre au moins leur Art à l'abri des événemens malheureux ; & députant de nouveau quatre-vingt-un Architectes à Upsal, qui, si la chose eût réussi, seroit passé dans le pays conquis pour gouverner leur hiérarchie comme Patriarche dans cette partie, & lui remettre en main le dépôt sacré qui jadis avoit séjourné sous les débris du premier Temple : il le reçut de leur main, & le renfermant dans une tombe de marbre, scellée de quatre sceaux, il fit creuser secrétement au fond du caveau de la tour des quatre couronnes, trésor ordinaire des Rois de Suede ; & aidé de nos Freres, il y descendit ces précieuses archives, qui dans un temps postérieur en furent retirées avec la corde même qui servit à les y descendre. Cette opération consommée avec le plus grand secret, nos Freres revinrent à Jérusalem joindre leurs amis, leurs Freres : mais les conquêtes de Bendoedar, Soudan d'Égypte, leur ayant fait perdre tout espoir du rétablissement du Temple, voyant la

Terre-Sainte abandonnée par les Chrétiens, eux-mêmes réduits à un très-petit nombre par les fatigues de la guerre & le fort des combats, ils fe réfolurent enfin prefque tous, fans exception d'aucun des Architectes & Maçons proprement dits, d'abandonner leur patrie défolée, & d'aller former de nouveaux établiffemens en Europe. Plufieurs paffèrent en Angleterre avec le Prince Édouard, fils d'Henri III ; & peu de temps après ils furent appellés en Écoffe par le Lord Stuard (1). Leur inftallation dans les Royaumes date invariablement en 2307, année Maçonnique, ainfi que les dates ci-deffus citées : on leur accorda des poffeffions & le privilege fpécial de maintenir les Us de leur confraternité, fous la con-

---

(1) Si l'Auteur eût connu la vraie Maçonnerie dont celle ci n'eft qu'une foible branche, il eût connu l'origine de la Maifon de Stuard, & comment Walter, Gentilhomme Danois, quitta fon nom pour prendre celui de Stuard. Il eût fu qu'Alfrede le Grand, Roi d'Angleterre, fit venir des Maçons de France qui avoient confervé les Réglemens du temps des Romains ; que Charlemagne & fon fils Louis le Débonnaire, furent Maçons, les protegerent, &c. &c. &c.

dition naturelle de se conformer dans la pratique habituelle de la vie civile aux loix du Pays. Les amis du bon Ordre se seroient bien gardés de l'intervertir. Dès-lors, pour perpétuer leur rit, leurs coutumes, & sur tout conserver fidellement les vestiges de leur objet, ils y donnerent la forme que nous observons aujourd'hui, en érigeant un Corps destiné aux représentations allégoriques de leur Institut, dans des assemblées régulièrement dirigées par un Chef, & des Officiers adjoints pour les objets de détails ; & ces Assemblées prirent le nom de *Loges*, sans doute par relation avec le Temple autour duquel il y avoit plusieurs salles & galeries nommées Loges, & destinées à rassembler les Ouvriers ou les étrangers, & qui, dans la langue originaire, s'appelloient Loges ; peut être aussi du mot *allogio*, qui, dans la langue italique, signifie logement, parce que ces Congrégations se faisoient sans doute dans le logement du Chef qui y présidoit, & qui avoit été choisi à cet effet. C'est ainsi que chez les Chevaliers de Malte les lieux d'assemblées, pour chacune des différentes Nations qui forment ce Corps, s'appellent *auberge*, nom qui n'est pas pris littéralement dans le sens méchanique, que la langue Françoise y donne pour un lieu quelconque, où l'on boit & mange; mais dans le sens du mot italique *albergo*, gîte, hospice, demeure, logement. La première Loge connue en Europe (1) fut instituée à Edimbourg par le Lord Stuard; & c'est à ce chef-lieu que ressortit nécessairement toute la dépendance nécessaire, directe & absolue du Corps Maçonnique; non que depuis, & en beaucoup d'autres lieux, il n'ait pu & ne puisse encore s'élever des établissemens pareils, dans les mêmes erremens, pour le même but, sur les mêmes principes, par le seul concours de tous les bons Freres, qui libres par essence (2), & ne dérogeant point au

―――――――

(1) Que d'ignorance! Nous en sommes fâchés pour la mémoire de l'Auteur que nous avions cru plus instruit, d'après les rapports qui nous avoient été faits. C'est le sort de ceux qui prennent une branche éparse pour le tronc.

(2) Cette liberté essentielle, ou par essence, ne trouve point d'application ici, dans le sens propre & tel que le prétendu Maçon la conçoit; c'est un

point de direction, n'ont besoin que de leur volonté propre pour cette opération ; lorsque, convenus d'admettre privativement, en telle ou telle contrée, un Supérieur-Primat, Chef ou Grand-Maître quelconque, auquel ils se seroient spontanément soumis, à quoi il ne seroit plus loisible de se soustraire sans interversion des regles reçues, dont le maintien exact est le ciment nécessaire à la durée de tous les établissemens & à leur validation.

Au surplus, il paroît que dans tous les temps, & malgré les assauts, l'envie, les révolutions, l'Ordre a conservé l'uniformité des surfaces à certains égards; & si l'on est dans le cas de se plaindre de quelques changemens essentiels, c'est plutôt quant aux additions qui y ont été faites & qui sortent de l'ensemble, que dans aucune soustraction des formes. Quelques-unes de ces additions néanmoins sont louables dans leurs fins, & l'on ne doit les considérer que comme de nouveaux modes inventés par la fatalité des circonstances, par la prudence

---

malheur, c'est un abus des mots, de la chose. Combien n'en est-il pas d'exemples parmi les Modernes soi-disans Maçons!

de nos Frères, soit pour mieux déguiser leur objet, soit pour resserrer davantage leurs liens, en s'insinuant dans le cœur des nouveaux Prosélytes par des voies analogues à ce qui pouvoit les toucher davantage, ou à ce qui leur sembloit plus sacré. C'est ainsi que lors du schisme d'Henri VIII, & dans le temps où le bouleversement total de la Religion en Angleterre causa des secousses si violentes, que l'esprit de parti, le faux zele, le fanatisme, mobile terrible & dangereux, fit autant de sectaires que d'intéressés. L'on vit notre Ordre éprouver une vicissitude, qui depuis, par le long usage, a pris force de loi. Thomas Morus, l'un de nos meilleurs soutiens, périt malheureusement dans cette circonstance : les Maçons eux-mêmes, sans cesser d'être amis, se diviserent entre eux ; la maniere de croire, & les formes extérieures du Culte, firent comme deux branches du même Corps, & l'on vit naître dans la faction qui réussit à établir la Religion aujourd'hui dominante; faction où des Maçons furent entraînés, soit par liaison de parenté, soit par suite de position d'état ou de fortune; l'on vit naître une modification nouvelle de Grade appellé *Maître Anglois*, qui, à le bien juger, n'est autre chose au fond que la Communion Protestante, & l'extension plus déployée du troisieme Grade de la Maçonnerie (1), & qui, par la suite, en est devenu un lui-même, qui mérite des égards, tant par sa morale que par son cérémonial, & qui donne peut-être quelque relief aux usages des Maçons. Heureux si les novateurs n'avoient jamais introduit que des parties de cette nature tellement liées au tout, qu'elles paroissent y tenir nécessairement! Peut-être même, & l'on ne craint pas de le dire, si quelque chose peut racheter les délits Maçonniques d'un Frere (2) coupable que la

---

(1) Le lait & le miel sont sur nos levres. Nous ne pourrions relever ces erreurs, sans compromettre la Science. Nous nous contentons de renvoyer les Freres au Grade même, connu sous le nom de *parfait Maitre Anglois*, & non Maître Anglois; que très-peu d'Anglois connoissent la Maçonnerie, n'étant chez eux qu'un objet d'amusement, après l'avoir été de factions, faute de la connoître.

(2) O rivalité funeste, que tes effets sont dangereux! que les cœurs livrés aux serpens de l'envie sont à plaindre & à fuir!.... On a vu l'Auteur de ce Grade chercher à s'attacher le F.

charité défend de nommer, c'est le soin qu'il a pris de mettre en vigueur ce Grade de Maître Anglois, peu connu en France avant lui, & qui ne mérite pas de tomber dans l'avilissement.

Il paroît que l'on doit ranger dans la même classe le Grade de Rose-Croix, dont l'origine est à-peu-près la même, & que l'on peut rapporter ou aux querelles de Religion, ou à cette guerre du moyen âge, connue sous le nom des *factions de la Rose-Blanche & de la Rose-Rouge*. Des Chrétiens du parti opposé

B. de Le......... dont il parle si mal, & faire toutes les avances; le suivre dans ses Loges, le complimenter, & lui témoigner en public l'estime & la considération qu'il paroissoit mériter, malgré les clameurs d'hommes avides & inconsidérés acharnés à lui nuire. Eh! c'est dans un Ouvrage de la nature de celui-ci que l'on se permet de semblables incursions! Ne seroit-on pas fondé à lui rétorquer son imputation, & ne pourroit-on pas lui dire: Votre prétendu Grade est un délit Maçonnique que rien ne peut réparer; qui vous en a fait commettre de plus grands que rien ne peut racheter, par l'impression de votre Étoile flamboyante? Si nous voulions étendre nos recherches, nous en dirions certainement trop, & d'ailleurs ses cendres nous arrêtent.

aux Sectaires, crurent sans doute fortifier davantage la Maçonnerie entr'eux, en la revêtant des livrées de la Religion, puisqu'en effet la Rose-Croix, autrement dite la Maçonnerie renouvellée, n'est autre chose que la Religion Catholique mise en Grade, en cela plus auguste néanmoins, qu'il nous peint des objets plus vrais, plus sacrés, plus précieux; & qu'en réunissant dans un seul & même grouppe les Mysteres consolans de la Foi & les axiomes nécessaires au salut, il semble consacrer l'époque de ces temps de grace où nos ancêtres, fils ou neveux des premiers Maçons Ouvriers du premier Temple, ouvrirent les yeux à la vérité, & renoncerent aux prestiges de la Loi ancienne pour suivre les rits de la nouvelle, en embrassant le Christianisme lors de la première Croisade.

Il seroit difficile, pour ne pas dire impossible, de retrouver aucune trace qui pût pareillement légitimer l'origine des autres inventions modernes qui se sont glissées dans notre Ordre, à moins de partir d'une probabilité fâcheuse & affligeante; c'est que dans les temps de trouble, il se soit égaré quelque monument sans suite, ou que l'indiscrétion de quelques Freres ait laiſſé échapper des traits qui ont occaſionné de mauvaiſes combinaiſons. Par-tout le Temple ſe retrouve; & foncierement, s'il y avoit moyen de recoudre tous les lambeaux de vérité épars qui ont été comme la filiere des Grades ſucceſſifs, on trouveroit peut-être le tout, mais toujours écraſé ſous un monceau de ſurfaces abuſives & d'anecdotes menſongeres.

Dans la mort de Jacques Mabiotte (1),

---

(1) Faute de connoître la ſublimité de l'origine de ce que l'on appelle vulgairement Franc-Maçon, l'Auteur s'égare & ſe perd ici comme il le fait dans tout le cours de ſon Ouvrage, & particuliérement ſur la lettre G., à l'occaſion de laquelle il ſe confond & ſe conſume en conjectures plus diſparates les unes que les autres, tandis que les termes de la tradition ſont ſi ſimples, ſi clairs; G., Géométrie, cinquieme des Sciences. L'embarras de découvrir ces quatre premieres Sciences, dont la Géométrie eſt la cinquieme, lui a fait franchir ce nœud gordien qui renverſoit ſon édifice de fond en comble. Telle la Loge Nationale, en eſcamotant le deſſin de la planche dont elle ſe ſert pour délivrer des Conſtitutions & Certificats qu'elle fait payer aſſez cherement, & dont elle ne conçoit pas le ſens des ſymboles, n'a pas pu ſuppléer aux ſoubaſſemen

par exemple, ce Confesseur impie de Guillaume-le-Conquérant, & dans la

---

des Colonnes qui n'étoient pas encore destinées lors de l'escamoterie qui en fut faite; a placé à droite ce qui devoit être à gauche, & à gauche ce qui devoit être à droite, & en supprimant, par la plus crasse ignorance, ou l'apothéose vraie de sa maniere d'être l'emblême d'une des sept vertus (la Force), qui unissent les deux Colonnes avec le pavé mosaïque, pour y substituer son vice favori (la Vengeance), que non-seulement le vrai Maçon, mais l'homme de bien, & sur-tout le Chrétien, doit avoir en horreur. N'est-ce pas la Fable de l'Ane qui se couvre de la peau du Lion?

Cette même Loge Nationale, en annonçant dans un style Oriental défiguré, *galimatianissement* lardé de calomnies & d'imputations propres & du fait des imputans, la petite Fête que la Loge la Triple-Harmonie, qu'elle venoit de constituer, donnoit à l'occasion de la naissance d'un fils qui venoit de naître au Sérénissime Souverain Grand-Maître des Maçons de France, dont elle profite pour annoncer aussi la prétendue installation, qu'elle ne devoit ni ne pouvoit faire, aux termes des engagemens contractés avec toutes les Loges du Royaume, & par sa propre essence; nous donne un exemple frappant de

vengeance que quelques François tirerent de ceux qui l'avoient accusé, on retrouveroit peut-être le Petit-Elu, Grade imaginé à Lyon en 1743. En allant même plus loin, qui sait si l'on ne verroit pas du rapport entre les deux lettres M. B., dividentes du mot de Maître, avec les pareilles qui se trouvent dans le nom de Mabiotte, que quelques Auteurs écrivent illusoirement Mamiotte ?

Dans la couleur du Maître parfait, dans les colonnes en sautoir, dans la pierre carrée lacée de cercles & de triangles, n'apperçoit-on pas quelques

---

ce que peut la force de la vérité, même parmi ceux qui sont les plus intéressés à l'étouffer ! Elle dit, dans son Imprimé intitulé : *Planche à tracer générale de l'installation, &c. &c.* en parlant *des décorations somptueuses du métal le plus pur & le plus éclatant.... Dans un vaste édifice revêtu par le mystere,* page 15 ; & ajoute, page 6, UN SOLEIL COUCHANT AU NATUREL, DARDOIT SES RAYONS EXPIRANS SUR L'OCCIDENT. Ce Soleil couchant ne figure-t-il point la chûte de la Franc-Maçonnerie par l'élévation de son schisme, & ses rayons expirans sur l'Occident n'annoncent-ils pas les voies ténébreuses & serpentantes qui ont succédé à la lumière ?

étincelles du Grade sublime qui nous occupe aujourd'hui ?

Le Régiment Rouge, les Freres Rouges de Cromwel, composé pour la plupart de montagnards d'Ecosse, n'a-t-il pas donné lieu à l'Ecossisme de ce nom, qui seroit le triomphe de la rebellion & de l'impunité ?

Aux Ecossismes de Clermont, Montpellier, petits Appartemens, il échappe également quelques ressemblances ; l'attouchement se fait au coude : le cordon est rouge. Il s'agit aussi du Temple renversé.

Le Royal Arche ne semble-t-il pas vouloir copier la partie qui concerne le dépôt de nos Freres à Upsal ? Il est question d'une voûte : neuf arcades entassées l'une sur l'autre conduisent à un caveau profond, dans lequel un Curieux se fait descendre, une corde passée sous les bras. On l'en retire ensuite par trois secousses, & il a rapporté médaille, mot, que sais-je ?

Le Chevalier d'Occident, troupe bizarre, composée de douze vieillards à barbe blanche, copie informe d'un Grade majestueux de sublime philosophie, dont les emblêmes tiennent beaucoup plus aux saintes rêveries de l'Apocalypse qu'aux vérités Maçonniques, ne doit pas être regardé comme le Frere Gémeau du Grade de l'Orient, pour lequel des hommes vertueux & raisonnables se sont passionnés en France, au point de renoncer presque au gros de l'Arche Maçonnique pour s'attacher à cette branche *misérable* (ce mot effacé) qui n'a au plus *jusqu'à présent* (ajouté) que le mérite d'une greffe mal reprise sous l'épithete vague de Maçonnerie restaurée. *On y met* (effacé) *il ne faut pas mettre* (ajouté) en jeu des personnages qui n'ont aucun trait aux objets de la Maçonnerie. Cyrus, Zorobabel, le Jourdain, les Juifs, la Guerre, un Pont, une Requête, des Anagrammes ; on y fait usage de tout, on y mêle tout, on y falsifie tout : on y donne pour motifs généraux, pour axiômes sûrs, des mots qui, pris dans un tel sens pour la langue qui les fournit, n'indiquent plus rien dans un autre idiome ; & cependant, malgré tous ces prestiges, la chose des Maçons se reproduit toujours ; LIBERTÉ (ce qui suit est ajouté). Il est possible de donner une consistance plus solide à ce Grade qui contient des choses sublimes & de belles époques. Il faudra nous concilier à cet égard.

En

En vain passeroit-on en revue la foule immense des autres inventions que ce siecle sur-tout a produites dans ce genre, & qui, bien loin d'ennoblir l'objet principal, l'avilissent, le dégradent, écartent du but, trompent ceux qui s'y livrent, mêlent les fonctions du Sacerdoce aux occupations méchaniques de la Truelle & du Ciseau, associent l'encensoir à l'épée, bouleversent l'ordre des temps, celui des choses, des dates, des faits, & réduisent en cérémonie burlesque un Rit ancien dont la commémoration en certaines parties n'a pour objet réel que d'échauffer les cœurs sur les moyens de recouvrer leur ancien patrimoine.

De toutes ces choses, la seule qui ne soit point chimérique, l'hypothese la plus supportable peut-être, seroit celle qui, bornant ses combinaisons & ses modes aux spéculations purement alchymiques, semble faire de nos Loges un laboratoire de transmutation, & indiquer ce point de vue comme l'objet important. En effet, quoique nous soyions loin de la pitoyable manie de ce que l'on appelle *Souffleur*, la fausseté n'est cependant rien moins que démontrée quant à la transmutation. S'il étoit possible d'asseoir cette Science douteuse & diffi-

D

cile fur des principes invariables, fon concours feroit de la plus grande importance au fuccès de notre Ouvrage ; & le befoin d'accumuler des fommes confidérables pour foudoyer ceux qui nous prêteroient fecours, fubfifter nous-mêmes & furmonter toutes les difficultés, a peut-être fait imaginer à quelques têtes chaudes, que ce Temple que nous nous propofons de reconftruire, n'eft autre chofe que le Foyer brûlant, le Creufet utile, dans lequel, en vivifiant pour ainfi dire la matiere, nous cherchons à en tirer l'efprit, & cette poudre précieufe au pouvoir de laquelle il n'eft rien qui réfifte : de-là le Grade D'ADEPTE & toutes les Allégories qui en réfultent, fource d'une morale finguliere, mais honnête, par des comparaifons prifes de la nature de l'ame épurée, relatives à la pureté qu'exigeroit la matiere, & au degré de feu néceffaire pour la réduire au point de perfection : jeu de mots, dira-t-on, dans le fond, qui ne porte fur rien, n'a point de fondement, ne peut avoir d'effet. Ce n'eft pas-là pour nous le grand Œuvre ! Un jour, mes Freres, vous en appercevrez la poffibilité.

Un Grade plus moderne, & qui malheureusement a gagné un crédit plus fort & séduit un plus grand nombre de personnes de bonne foi, étayé de toutes les amorces de l'ambition & de la cupidité, vient encore de sortir récemment du sein de la Maçonnerie ; c'est celui de G. J. G. E., ou Chevalier KADOS ; titre illusoire dont on ne peut déterminer l'origine. On ne doit pas s'arrêter à le combattre, puisqu'il se détruit lui-même, à la seule considération des liens fondamentaux & sacrés qui unissent les Freres, dont la Société a pour Régime principal l'obéissance aux Rois, le respect pour la Législation & le maintien de l'ordre. Cependant, de ce que certains Religieux, tels que sont aujourd'hui les Hospitaliers de S. George, se sont nommés Templiers, cette analogie suffit aux prétendus vengeurs de leur Ordre pour les assimiler aux Maçons ; & le désir impétueux & déréglé de recueillir les richesses qu'avoient injustement acquises & maintenues dans le fait ces Proscrits, suffit pour légitimer une assertion condamnable & une Congrégation vicieuse. On fait plus ; on gêne les sens de tous les symboles pour les ramener à ce point. La mort d'Hiram est celle du Grand-Maître JACques Molé, & celle de Guy, frere du Dauphin. Bertrand de Gott rend la lettre G. fameuse : le nom de l'Eternel cede la place à celui de ce fanatique. L'union des deux GG. n'a plus pour objet que de célébrer la gloire acquise par un échafaud, non que peut-être cette condamnation n'ait été précipitée, appuyée sur de fausses accusations à certains égards, peut-être aussi concertée par l'envie au profit de l'avarice; mais au fond ce phénix doit-il renaître de sa cendre? En tout cas, est-ce aux Maçons qui se vantent d'une saine morale, à chercher à les ranimer ? Cette échelle mystérieuse dont les cinq échelons sont ornés chacun du nom d'une Vertu, abus monstrueux & impie des belles & saintes maximes pour ourdir une trame criminelle, ne sont qu'un escalier de perfidie & de révolte ! Et à l'avenir, les paisibles Ouvriers du Temple recevront, au lieu de la Truelle & du Marteau, des glaives & des poignards ! Tirons le rideau sur ces horribles & meurtrieres hypotheses, & ne ramenons pas sur la scene de l'innocence & de la candeur, dans l'assemblée des Ouvriers de paix, la troupe dispersée des Ouvriers de l'iniquité, dont, depuis

1311, il ne reste plus aucuns vestiges. Grands de leurs rapines, plus grands des bienfaits de Godefroy, l'abus de leurs trésors causa leur perte, sans que l'on puisse dire néanmoins qu'aucun Ordre quelconque se soit élevé sur leurs débris. En effet, les Chevaliers de Saint-Jean de Jérusalem, leurs contemporains, destinés par état à la défense des Lieux saints, ces hommes illustres & généreux, que leurs belles actions & leurs mœurs ont rendu respectables à ceux même qui pouvoient les accuser de les avoir supplantés, ne doivent pas leur lustre & leur élévation à la chûte des Templiers. Occupés à la destruction des Infideles, c'est en 1310, avant la destruction de ceux-là, qu'ils s'emparerent de Rhodes, & que leur courage leur procura cet établissement avantageux. Est-il un droit plus juste que celui de conquête sur les ennemis de Dieu & des Souverains combinés ? Le Grand-Maître Foulques de Villaret, qui fut à la tête de cette glorieuse entreprise, jouit encore dans les fastes de l'Histoire de toute la célébrité qu'elle lui a acquise, après s'être soutenu, par des efforts incroyables, contre des attaques multipliées. Cédant enfin au nombre & à la fatalité des circonstances, ils font dépossédés par Soliman, sous le regne de François Ier & de Charles-Quint. Les a-t-on vu chercher à récupérer *cette perte* par l'invasion de quelque nouvel asyle ? C'est à la munificence libre de ce grand Empereur qu'ils doivent l'Isle de Malte, dont ils jouissent encore aujourd'hui, & dont ils resteront maîtres sans doute, tant que, fideles à l'honnêteté de leurs principes, ils ne donneront aucune prise à la dent agacée de l'envie, évitant ainsi les révolutions périodiques & presque infaillibles des temps : car, il faut en convenir, il n'est presque aucun siecle, aucun âge, qui n'en ait fourni des exemples. De tout temps il a existé des Sociétés particulieres d'hommes réunis pour un objet : ces Sociétés ont toutes à la suite pris le régime & le nom d'Ordre ; & sans remonter aux anciennes Fables, qui citent encore à présent les Chevaliers de la Table-Ronde, ces Braves du Roi Arthur, sortes de Paladins voués à la réparation des torts, car le motif & le but fut toujours noble & pur, voyons plus près de nous, sous S. Louis, l'Ordre du Navire & du Croissant, sous Louis XI, celui de l'Etoile ; parcourons ensuite l'Ordre de l'Etoile du Nord, du Bain ; en Angleterre de la Jarretiere, dont une équivoque galante fut la source ; le Teutonique en Allemagne, l'Ordre de Montpellier de Saint-Michel, du Lazare, de Saint-Jean-de-Dieu, de la Croix-de-Calatrava, de Saint-Etienne, & prenez garde que l'on ne cite ici aucun des Ordres Souverains, imaginés par le faste pour flatter l'orgueil, ennoblir le sang, ou récompenser le courage. Aucuns des premiers, quoi qu'il en soit, ont-ils la plus légere analogie aux Templiers ? Aucuns tendent-ils à la cabale des prétentions ; & par quel aveuglement machinant nous-mêmes la proscription de notre Société, qui, jusqu'ici, n'a encore de privileges véritables que ceux de l'indulgence des Princes (peut-être même de l'indolence des Magistrats), irions-nous présenter le tableau défavorable d'un objet qui n'est pas le nôtre ?

Mais quel est-il donc cet objet si annoncé, & que l'on n'apperçoit pas ? Je m'attendois à la question, mes Freres : la solution vous en est due ; c'est le produit, c'est LA SOMME, EX SUMMA, dit l'Exergue de la Médaille des Connoissances Maçonniques, retenues implicitement dans le Grade que vous venez d'acquérir ; c'est le résumé de tout l'historique que vous venez d'entendre.

Si l'origine des Maçons n'est pas controuvée, leur but primitif fut la bâtisse du Temple, & la conservation du Pays où ces Ouvriers résidoient. Mais écartons ce voile, qui, comme celui de cette enceinte, dérobe au Candidat l'appareil du dépôt des vérités ; cache à l'homme non instruit l'application des symboles & le développement de tous les crayons : ne partons que du point de la vraisemblance. Au temps des Croisades, il se forme une Société qui prend pour devise le Temple de Jérusalem, pour nous celui de Maçon, pour attribut celui de la Liberté, pour symboles ceux de l'Architecture, pour rits ceux des Usages Judaïques en certaines parties. Cette Société entée sur les premiers habitans des terres que les Fideles veulent reprendre aux Infideles, qui s'en sont emparés. Durant la premiere Croisade, un instant de fortune & de succès rend les Croisés maîtres d'un emplacement assez vaste aux entours de Jérusalem, qu'ils constituent comme Capitale ou Chef-lieu pour ériger un Royaume. Godefroy de Bouillon en devient propriétaire ; il a la modeftie de refuser le titre de Roi, pour prendre celui d'Avoué du Saint-Sépulcre. Cependant le fort des armes change; les Croisades répétées se désunissent, succombent; les Guerriers se retirent; Godefroy & six de ses Successeurs périssent; le Royaume se dissout, & revient entre les mains des Infideles. La Religion en gémit; le zele en souffre; la Chrétienté doit en rougir. Mais le germe des premiers Croisés n'est point anéanti, & leurs droits sont entiers; le Royaume de Jérusalem est leur véritable patrie: une nouvelle Croisade, qui les en rende maîtres, doit être tout leur vœu. Qui empêche de le réaliser? Tel est, mes Freres, le but véritable de notre association, la conquête des Lieux saints, la construction du Temple sous les auspices de la Loi Nouvelle, & la récupération des biens de nos Ancêtres. Pour y parvenir, nous assemblons des hommes de tous les pays; nous en multiplions le nombre; nous essayons leur foi, leur dévouement, leur discrétion, avant de leur dévoiler la fin de notre ouvrage auquel rien ne peut s'opposer, si nous ramenons cet accord, ce concert, base de toute entreprise, & moyen assuré du succès. Dans ce point de vue, rien ne choque l'ordre, rien n'aliene la foi due & jurée aux Souverains, puisque c'eſt ſous leur appui que nous eſpérons conduire ce grand œuvre; & ſi le ſuccès le couronne, ſans fonder un nouveau Royaume, dont l'érection ſeroit attentatoire aux droits des Couronnes, que chacun de nous ſert dans ſon particulier, qui peut nous interdire l'établiſſement d'un Etat libre & purement Républicain; qui peuplera un pays déſert de Colons vertueux, abattra l'orgueil des Infideles, fera le triomphe de la Foi & la gloire des Princes Chrétiens? Dans ce projet noble & généreux, rien qui répugne aux poſſibilités. Nous ne répéterons pas à l'Eſpagne, au Portugal, au Domaine de l'Egliſe, à tant d'autres, les poſſeſſions éparſes données aux Templiers dans un temps, ravies dans un autre, partagées, perdues pour toujours. Nous ne ſommes pas leurs enfans; quel droit aurions-nous à leur héritage? Mais nous ſommes les fils, ou des Maçons de Salomon, ou des Maçons Guerriers aux Croiſades; & la Croix de Saint-André n'eſt que celle des Croiſés maſquée ſous cet emblême. Revendiquons les droits de nos peres; c'eſt le vœu de la Nature, c'est celui de la Société (1). Puisse le grand Architecte encourager notre zele, soutenir nos espérances & assurer le succès !

Pour Copie conforme à l'original déposé au College Fondateur Saint-Théodore de Metz : ladite Copie délivrée par son ordre. A Paris, le 27 Juillet 1766. Signé, Théodore-Henri, Baron DE TSCHOUDY, *Sér. L. M. G. Commandeur de la Palestine.*

---

(1) Au serment près de venger le supplice des Templiers & le recouvrement de leurs possessions en Europe, le but de celui-ci est le même, & l'Ecossois de Saint-André d'Ecosse n'est que le Chevalier Kados, ou Chevalier Elu modifié. Il sera aisé de s'en convaincre par le Volume qui suivra, qui sera celui-là même dont on parle ici, & qui, à bon droit, sont tous deux proscrits par les vrais Maçons.

D vj

ETAT des Effets indispensables pour bien monter un College.

HUIT ou dix Paravents légers, de trois feuilles chacun, se montant à clavettes, avec lesquels on puisse former une enceinte dans un lieu quelconque. Ces Paravents doivent être de sept pieds de haut, & revêtus par compartimens à panneaux d'étoffe rouge & autant de verte, ou papier damassé par économie.

Six Pyramides de bois doré ; six Vases antiques *idem* ; six Pommes de Grenade, feuillées & ouvertes, pour l'ornement de la corniche de l'enceinte, avec ce qu'il faut pour les visser dessus ; vingt-quatre Trophées Maçonniques, & Croix de Saint-André ; Cartisanne ou Galon pour appliquer sur les panneaux.

Vingt-quatre Bobeches de cuivre, fer-blanc ou bois doré, qui puissent également se visser sur la corniche des Paravents.

Un grand Rideau, soie ou laine, mi-partie rouge & verd, qui puisse s'ouvrir en deux, pour couper l'enceinte à la hauteur des Paravents.

Quatre Couronnes, cryſtaux, bois doré, ou carcaſſe de fil de fer fermés à l'antique, portant chacune ſix ou quatre bougies, & qui puiſſent former luſtres.

Quatre grands Chandeliers, de trois à quatre pieds de haut, portant chacun un gros flambeau ou bougie de cire blanche.

Pluſieurs Bras dorés, fleuris ou émaillés, à une ou pluſieurs branches, prêts à viſſer où il eſt néceſſaire ſur les montans des Paravents, de quoi former en tout quatre-vingt-une lumieres, avec les Couronnes & le grand Chandelier à ſept branches, qui ſera auſſi de cuivre, ou bois doré, ou fer-blanc fleuri, émaillé.

Un Dais rouge & verd, par bandes d'étoffes convenables, galonné en or fin ou faux, avec ſon doſſier aſſorti, ſes deux rideaux en pente de côté, retrouſſés de gros glands d'or; le Dais ſurmonté de quatre panaches verds & rouges; toutes les pentes & fonds ſemés de Croix de Saint-André & couronnes brodées en or; une couronne & deux épées en ſautoir au fond du doſſier.

Le Fauteuil, de velours rouge, élevé ſur une eſtrade de quatre marches, recouvert d'un grand tapis verd & rouge; une Table qui puisse, quand il est besoin, tenir sur l'estrade, couverte d'un tapis de velours ou soie verte, à rézeaux & glands d'or; une autre Table plus grande fixe à la droite du Trône, couverte d'un tapis pareil ou rouge, d'un Fauteuil verd au-devant.

Quatre Colonnes brisées, de trois pieds de haut, massives, écornées aux chapiteaux ou aux bases, & portant l'empreinte de ruines.

Un Coffre de fer, de deux pieds de longueur sur dix-huit pouces de largeur & douze de hauteur, fermant à quatre serrures, double fond en dedans, à serrure secrette.

Quatre Plaques, cuivre doré, figurant médaille, double du rond d'un écu de six livres.

Un Autel, bois doré à l'étrusque, de trois pieds de haut, pour asseoir sur sa tablette les cassolettes à parfums.

Un Billot de bois contourné proprement, avec une Hache de Sacrificateur, à manche doré.

Un Tableau d'Apprentif, de trois pieds de long, peint à l'huile; un de Maître pareil.

Un ou plusieurs Tapis de prix pour couvrir le pavé de l'enceinte.

(87)

Deux Etendards, l'un rouge, Croix de Saint-André, en verd; l'autre, par oppofition au revers du premier, deux épées brodées d'or en fautoir, avec la légende : *Pro Fide, Lege & Rege*; l'autre au revers une couronne brodée d'or, foutenue fur les croifillons d'une X, pareille & la légende *Virtute pondus fuftinent*.

Un Sceau ou Cachet, forme ancienne, couronné comme en cafque, d'une pomme de grenade effeuillée ; au centre de ladite une croix de la Paleftine d'or liferé de *gueule*; au milieu de l'écuffon en champ de fable, deux épées d'or, poignée d'argent, en fautoir; au coin de chacune la couronne d'or antique fermée; autour de l'écuffon le cordon de l'Ordre flottant, d'où pend au bas l'attribut pour légende : *College Saint-André d'Ecoffe de St..... 176...*; un timbre fimple & petit au chiffre de la légende.

Une Planche très-fimple, bordure à la Grecque, femée de croix de Saint-André aux angles; grandeur d'un carré grand papier à lettres pour les patentes & certificats.

Une piece de dix-huit aunes cordon gros verd moëré, large, liferé de couleur de feu, pour environ douze Cordons en baudrier; une dito plus étroite pour colliers; une dito plus petite pour bijoux de boutonniere.

Autant que besoin sera, Tabliers peau blanche, grandeur médiocre, carrés, sans bavette, ni doublure, peints ou brodés à leur contour d'une guirlande à rocailles, ou ornement arbitraire, camayeu rouge & verd; une clef enlacée d'or dans ledit; le milieu rempli par un cercle à la Croix de Saint-André dont les extrémités débordent la Croix, verd & rouge, ou en or; la partie supérieure une petite poche carrée, guirlandée de verd; au milieu un triangle rouge ou or.

Autant que besoin sera, des Bijoux pour la boutonniere, le même cercle & croix couronnée, & une petite clef qui pend au bas: cercle d'or, croix émaillée de verd, clef d'or. Pour le grand cordon, une grande croix de Saint-André, posée sur une Gloire ou Etoile de divers émaux. Bijoux des Dignitaires: au premier, une X traversée en long d'une clef; au deuxieme, d'une plume; au troisieme, d'un à-plomb; au quatrieme, d'une balance; tous les Bijoux de collier, toutes X traversées d'une épée.

Un grand Chapeau d'Archevêque, velours verd, avec les pendans nattés à glandes d'or; une Croix d'Archevêque d'un pied de haut, bois doré, sur un bâton pareil de trois pieds.

Plusieurs paires de Chandeliers dorés pour employer au besoin; une Etoile transparente, un Soleil & une Lune dito; les Gants bordés de verd, liseré de rouge.

Les droits de Copie des présens Ecrits dévolus au Secrétaire, sont payés par les Colleges, & réglés à trente liv... ci 30 l.

Le droit de Sceau pour Certificat, & chaque Membre doit en avoir un pour être admis au College, est pour le College de 5 liv.; au Secrétaire 9 liv.; & 16 liv. pour le droit de Constitution, dont 10 liv. à la Caisse, 6 liv. au Secrétaire constituant.

Pour Copie conformé à l'original au Dépôt du College Saint-Théodore de Metz, Fondateur. Signé, F. Théodore-Henri, Baron DE TSCHOUDY, *G. Com. du Chap. de la Palestine, Maître de la L. Saint-Etienne de Metz, Lord Maître du College Saint-Théodore, Fondateur des Colleges Saint-Alexandre de Strasbourg & Saint-Pierre de Paris. Audit Orient, ce* 27 *Juillet* 1766.

FORMULAIRE pour ouvrir la Loge.

D. Grand Inspecteur, tous les Ouvriers sont-ils rassemblés ?

R. Oui, Sérénissime Lord Maître.

D. Faites l'appel.

R. Le Frere Inspecteur lit le tableau de tous les Membres ; chacun se leve à son nom, & le Commissaire chargé de cette partie pique les absens.

D. Sommes-nous en sûreté ?

R. J'ai visité par-tout, posé des Gardes, disposé les appartemens de préparation : nous ne pouvons pas être surpris ; tout est en regle.

D. En quel lieu sommes nous ?

R. Dans la Salle du Sérénissime Lord Stuart d'Ecosse, premier Grand-Maître des Loges en Europe.

D. Que représente-t-elle ?

R. Une Commémoration des Ruines du Temple, du Caveau d'Upsal, & des objets de la Maçonnerie dont la connoissance est réservée aux seuls Ecossois.

D. Qu'est-ce qu'un Ecossois ?

R. Un parfait Maître Architecte Maçon, un Croisé zélé & religieux.

D. Etes-vous tel ?

R. La Clef des Loges, &c. (comme au Catéchifme les quatre queftions).

D. Donnez-moi le figne du falut?

R. Il fe fait en portant les mains fur la tête; ufage qui tient au falut Oriental, copié par les Croifés des peuples qu'ils guerroïent; d'où eft venu en renverfant ce qu'on nomme le Signe du Secours.

D. Donnez-moi le figne précis?

R. On le donne.

D. L'attouchement à votre voifin?

R. On le donne.

D. Donnez-moi le mot?

R. Il eft au Dépôt facré. Si hors du College un Ecoffois en effaie un autre, voici la réponfe: Je décompofe. L'autre répond: Je raffemble n. i. a. f. i. i.

D. A quelle heure s'affemblent les Architectes?

R. Au commencement de la journée.

D. Quelle heure eft-il?

R. Le Soleil luit. Alors le Lord Maître frappe un coup, lequel eft répondu par le Grand-Infpecteur, le Sous-Infpecteur, le Maître des Cérémonies. Si le Collège eft complet en Officiers, ceux des quatre feconds Offices le répondent pareillement; après eux le Lord Maître encore un coup qui complette le nombre de neuf; puis il dit:

D. Quel est le vœu des Ecossois?
R. Obéissance.
D. Quel est leur but?
R. Union.

Soyons donc unis, mes Freres : travaillons de concert, le College est ouvert.

FORMULAIRE *pour fermer.*

D. Chevalier F. Inspecteur, ne s'est-il rien passé pendant la Séance de contraire aux regles?

R. Oui ou non, suivant les cas. C'est le moment des accusations.

D. Freres Commissaires, chacun dans votre ressort, n'avez-vous rien à proposer pour le bien?

R. Oui ou non, suivant les cas. C'est le temps des propositions.

D. Les pauvres sont-ils soulagés?

R. Non, Sérénissime Lord; mais je vais y faire pourvoir. Alors on fait la quête.

D. A quoi connoît-on particulièrement un Ecossois?

R. Aux œuvres de charité & de justice.

Le Lord dit : Mes Freres, nous venons d'exercer la premiere de ces deux vertus; ne nous écartons jamais de l'autre envers nos Freres, & même envers les profanes, qui font également nos Freres dans l'humanité.

D. Quel est notre principal devoir?

R. La discrétion.

D. Quel est le plus sûr garant de la sûreté de nos travaux & de la droiture de nos vues, ainsi que de leurs succès?

R. Le secret, sans lequel tout s'avilit & se profane; l'exactitude même minutieuse sur l'observation de nos pratiques, sans laquelle le relâchement en un point amene la ruine de tout; & enfin le ressouvenir continuel de nos vœux & de nos promesses.

(*On frappe comme à l'ouverture*).

D. Quelle heure est-il?

R. La fin de la journée.

Que ce soit aussi, Chevaliers Ecossois, mes Freres, celle de vos travaux. Allons en paix, le College est fini.

Quand le College doit être suivi d'un banquet, le College ne se termine pas tout de suite; le Lord Maître s'arrête à la question des œuvres de charité, & ajoute: Le travail est fini; allons le couronner par un banquet dont la frugalité, la décence & l'agrément, resserrent de plus nos liens. Alors ce n'est qu'après la Table que l'on finit les questions de la clôture.

DÉCORATION.

La Loge doit représenter un carré long, ancienne forme du Temple, disposé de sorte que l'on puisse tourner autour. Ce carré n'est que commémoratif, le travail se passant effectivement dans la Salle du Sérénissime Lord Stuart d'Ecosse. Le tout sera tendu par panneaux d'étoffe rouge & verte, deux couleurs qui portent avec elles leur symbole : le *rouge*, en mémoire du sang répandu par nos Freres aux Croisades, & de la disposition actuelle de le répandre encore pour le soutien de l'Ordre ; le *verd* annonce l'espérance où nous sommes de reconquérir les Lieux saints, d'y réédifier un Temple auguste sous de plus sacrés auspices, & d'y former un établissement de Colons libres & vertueux, sous le Chef respectable de leur association.

Chaque panneau de l'enceinte sera décoré de Croix de Saint-André, verd, or & rouge, & autres emblêmes analogues ; les Etendards de la Palestine placés au fond, s'il y a des Chevaliers de cet Ordre, & ceux du College sur le devant.

Point de pavé mosaïque comme aux Loges bleues, mais un tapis de pied, ornement ordinaire de l'appartement d'un Souverain; au fond de l'enceinte un Trône verd, rouge & or, élevé d'une marche au moins, avec un Fauteuil rouge; au côté droit un Chandelier à sept branches; sur la gauche, au bas du Trône, une petite Table revêtue de son tapis rouge, sur laquelle il n'y a autre chose que deux Epées nues croisées, le Rouleau de l'obligation, un Triangle d'or, la Lancette & les Habits nécessaires au Candidat, au-devant de laquelle Table il prête & signe son obligation à genoux, assisté de tous les Freres l'épée nue à la main & à genoux, tant que dure le prononcé du vœu, à l'exception du Lord Maître, qui le reçoit assis.

L'Enceinte doit être à la rigueur éclairée de quatre-vingt-une lumieres, ou au moins du nombre le plus approchant, disposées; savoir, sur quatre Colonnes suspendues aux quatre angles en place de lustres & en contour sur la Corniche de l'Enceinte, & quatre Flambeaux pofés sur des pieds-d'estaux, aux quatre coins de la Salle : au centre de l'Enceinte est un Coffre de fer bien fermé, placé entre quatre Colonnes brisées, & suspendu d'un Cordon verd & rouge à une poulie, & couronné d'un Chapeau d'Evêque pendant au plafond. Cette Cassette doit contenir toutes les Médailles du Grade, tous les Rouleaux & Papiers concernant la Maçonnerie.

Au bas de l'Enceinte seront, sur le plancher, à droite & à gauche, le Tableau d'Apprentif & celui de Maître; entre les deux un Billot, avec une Hache préparée.

Les Officiers sont tous assis, ainsi que les autres Membres, vêtus uniformément d'un surtout rouge, avec les ornemens distinctifs de leurs Emplois, ainsi qu'il est marqué au Réglement; l'Inspecteur vis-à-vis du Trône; le Sous-Inspecteur au centre, à gauche; le Maître des Cérémonies au centre, à droite; les quatre autres Officiers placés diagonalement par opposition, chacun en croisiere, & un Maillet en main.

Il est bon, autant qu'il se peut, qu'il y ait une Chapelle en la Maison où s'assemble le College; ou au moins une Eglise voisine, pour que les Séances de travail

travail commencent toujours par la priere
& célébration du saint Sacrifice, la vraie
Maçonnerie ayant pour premier but le
Culte de l'Eternel, pour motif un objet
religieux, pour détermination l'attachement inviolable à la sainteté des Myſteres; pratique qui n'exclut aucune Religion ni Secte Chrétienne de l'admiſſion
de ce Grade, attendu que pour un
homme sensé, tout endroit destiné à
la priere est saint & vénérable : le reste
sont des formes & des surfaces auxquelles
la raison fait se plier quand le cœur est
d'accord de la vérité des principes.

La Salle du Sérénissime Lord Maître
doit être précédée de trois Chambres
de préparation : la premiere, destinée à
la Classe d'Apprentif, est tendue, s'il se
peut, en conséquence; au milieu une
Bible posée sur un coussin entouré de
trois grandes lumieres; au-devant une
Pierre brute.

La deuxieme, destinée aux Compagnons, n'est éclairée que par un Soleil
transparent. Il y a au milieu une Pierre
cubique à pointe, avec un Maillet &
un Ciseau.

La troisieme, symbole de la Maî-
trise, est éclairée par une Etoile flamboyante, au milieu de laquelle brille

E

la lettre G. Dans cette Chambre il n'y a que le simulacre d'un tombeau.

Fonctions de la premiere Chambre.

Le Récipiendaire, conduit par un Servant-Ecossois, qui lui aura fait découvrir le genou, & mettre le soulier droit en pantouffle, frappe, par trois coups d'Apprentif, à la porte de cette Chambre. Un Frere ancien Ecossois, de garde au-dedans, l'épée nue, répond par trois coups pareils, ouvre, demande le mot de passe d'Apprentif, introduit le Récipiendaire, le questionne sur l'état d'Apprentif, & lui fait marcher les pas; après quoi, le faisant mettre à genoux devant la Bible, il lui fait renouveller son obligation en la forme suivante.

Premiere Obligation.

Sur ce Livre sacré, dépôt de la foi des Chrétiens, je renouvelle expressément, sans aucune réserve, & de ma pure & libre volonté, tous les engagemens que j'ai contractés envers la Maçonnerie, lors de ma premiere initiation; je me soumets à toutes les peines qui y sont contenues, & me dévoue d'avance à l'opprobre, la plus grande punition des traîtres, si jamais je suis capable d'y manquer; ainsi Dieu me soit en aide, & son saint Evangile.

On le releve; on le fait habiller, & les Freres, en lui ouvrant seulement la poitrine, le conduisent à la porte de la seconde Chambre, où il frappe par cinq en Compagnon.

Fonctions de la seconde Chambre.

Les coups par cinq sont répondus par le Frere qui est de garde en dedans, un Ciseau & un Maillet à la main. Après avoir obtenu le mot de passe de Compagnon, le Récipiendaire est introduit, examiné sur les points parfaits, & trouvé juste, après qu'il a formé la Marche des Compagnons. Le Frere de garde lui présente le Maillet & le Ciseau, avec lesquels le Compagnon doit frappar cinq coups *oo/o/oo* sur la Pierre cubique: les coups frappés, on lui demande s'il se souvient de ses engagemens; à quoi répondu qu'oui, le Frere lui ouvre impétueusement sa poitrine, & portant la main à crud sur son cœur, lui dit:

D. Que gardez-vous-là?
R. Les secrets des Maçons & de la Maçonnerie.

D. Qu'avez-vous consenti ?

R. D'avoir le cœur percé de part en part, plutôt que de manquer à mes promesses.

Répétez votre obligation à genoux, à la face du G. A. de l'Univers, qui est en tout, qui est par-tout, & qui voit tout.

Deuxieme Obligation.

Je jure & promets de garder le secret des Compagnons envers les Apprentifs, comme le premier envers les Profanes : que le Soleil se dérobe pour jamais à ma vue, si je contreviens à ma promesse, & que le Maître de toutes choses déploie sur moi ses justes vengeances.

On le releve ; il se reboutonne, & les Freres le conduisent à la porte de la troisieme Chambre où il frappe sept coups.

FONCTIONS de la troisieme Chambre.

Répondu par le Frere qui y est de garde, vêtu d'une casaque de deuil, il donne le mot de passe, est introduit faisant le signe & le pas de Maître. On l'examine ; puis le F. lui fait les questions suivantes.

D. Reconnoissez-vous ce spectacle ?

R. C'est le Tombeau d'Hiram.

D. Quel fruit en retirez-vous?

R. De l'horreur pour le vice, de la douleur pour la perte du Maître, & plus d'amour pour la vertu.

D. Jureriez-vous sur cette tombe de consacrer vos jours à honorer sa mémoire sous l'aspect vertueux qu'on y donne, & à venger sa cendre, s'il est vrai que sa mort soit l'effet d'une trahison, pourvu toutefois que vous le fassiez par des voies légitimes?

R. Sans doute.

On le fait mettre à genoux, une main sur le Tombeau, & il dit:

Troisieme Obligation.

Je jure fidélité à Dieu, à mon Souverain, au Maître, à mes Freres, à mes Chefs, & haine implacable aux traîtres (1).

Il suffit. Regardez le centre de cette Etoile: la lettre initiale qui s'y montre est, en Langues Angloise & Allemande, l'initiale du Nom du Très-Haut. C'est en sa présence que vous venez de vous engager. Tremblez de vous parjurer.

---

(1) L'on pourroit demander à quelle espece de traîtres on voue cette haine implacable.

On le releve; & deux Freres lui tenant deux épées nues croisées sur l'estomac, le conduisent à la porte du College où il frappe neuf coups.

FORMULE de Réception.

Aux coups du dehors, le Grand-Inspecteur en frappe un qui est répondu par tous les huit Officiers; & sur l'ordre du Lord, il va à la porte, frappe neuf coups, entr'ouvre, fait les questions, & les Conducteurs les réponses, ainsi qu'il suit. Dès qu'on est au dehors, ce ne peut être un Ecossois, qui tous sont censés avoir une clef de l'Enceinte.

D. Qui est-là?

R. Un Apprentif, Compagnon, Maître Maçon, qui demande la quatrieme & derniere lumiere (1).

D. En répondez-vous?

R. Oui.

D. Est-il instruit?

R. Suffisamment.

D. Quel âge a-t-il?

R. Déja quinze ans.

---

(1) Les Chevaliers de la Palestine, annoncés dans ce Grade, n'ont donc pas de lumiere supérieure? Que devient le serment de fidélité au Maître, aux Chefs, qui sont les Chevaliers de la Palestine?

D. Sait-il écrire?
R. Oui.
D. Eſt-il brave?
R. Oui.
D. Eſt-il réſigné?
R. Oui.
D. Le mot de paſſe?
R. Il le donne.

Entrez. Auſſi-tôt on lui ouvre. L'Inſ-pecteur en ſilence le conduit lentement par l'extérieur de l'Enceinte, & le ramene au bas, en face du grand Rideau fermé, où étant, il lui lie les mains croiſées, le fait mettre à genoux devant le Billot, poſer la tête deſſus, leve la hache pour le frapper. Au coup de Maillet on le releve; le Rideau s'ouvre, & laiſſe voir le Lord Maître ſur ſon Trône, qui lui dit:

Mon Frere, le mépris que vous venez de marquer pour la vie, prouve que vous êtes digne de nous, & votre ſoumiſſion vous ſauve d'autres épreuves plus difficiles. Ici ceſſent toutes les craintes préparées & factices dont on occupe votre premiere initiation, lorſqu'encore enveloppé des ténebres du monde & du préjugé, préfigurées par le bandeau dont vos yeux étoient couverts, l'on pouvoit eſſayer votre courage, intimider votre

E iv

ame préoccupée par des suppositions, pour vous conduire à des vérités, &c. Ici le Lord Maître fait un Discours à volonté, conséquent à ce début, & finit en disant :

Si vous êtes décidé, mon cher Frere, approchez franchement, & venez remettre en mes mains le gage invincible de votre respectable, unique & derniere association.

S'il dit oui, le Lord Maître continue : Frere Grand-Inspecteur, faites-le avancer.

Alors l'Inspecteur le remet au Sous-Inspecteur qui lui fait faire trois pas d'Apprentif sur la face du Septentrion, le rend au Grand-Inspecteur, qui lui en fait former trois de Compagnon sur la face de l'Occident. Celui-ci le remet au Maître des Cérémonies, qui lui fait former trois pas de Maître sur la face du Midi, & l'amene, par trois grands pas d'équerre auprès du Trône, où, étant à genoux devant la Table, le Lord Maître prend le Rouleau ; & le développant, lui dit :

Voilà votre engagement, mon Frere ; vous en prendrez lecture. Si, après l'avoir lu, vous êtes prêt, ainsi que l'ont fait les Freres de cet auguste College, de le signer de votre sang; & pour m'en assurer, il faut vous y disposer d'avance: voilà une bande, des lancettes, je vais moi-même, ou, si vous l'aimez mieux, de vous seul, & sans secours, &c.

Si le Récipiendaire le refuse, il est renvoyé. S'il y consent & fait ce qu'il faut, il lit l'obligation à haute voix; pendant quoi, tout le College, arme haute, se tient à genoux, excepté le Lord Maître, qui reste assis au-devant de la Table, ou à sa place, s'il le veut, l'Inspecteur debout & lui assis sur le Trône. Après qu'elle est signée, chacun se releve; le Lord Maître pose au Récipiendaire deux épées en sautoir sur le col en disant : JE VOUS FAIS CHEVALIER MAITRE ECOSSOIS D'ÉCOSSE (1); puis s'approchant, le saisit par les deux coudes en croisiere (c'est l'attouchement); le releve; puis lui fait le salut qui est de se pourfendre d'une épaule à

___

(1). L'Auteur avoit sans doute prévu qu'il viendroit un jour où il y auroit des Ecossois qui ne seroient point d'Ecosse; & en effet, la Loge Nationale S. D. G. O. nous apprend qu'il y a des Ecossois de Dresde, avec lesquels elle s'est liée pour quelque rétribution pécuniaire, sans s'inquiéter du régime de ces Ecossois-Saxons.

l'autre des deux mains, après les avoir portées à l'Orientale jusqu'au front ; ensuite il lui donne le mot de passe qui est *booz*, la parole de Compagnon, & lui dit : QUANT AUX MOTS SACRÉS DU GRADE, MON CHER FRERE, CHERCHEZ, VOUS TROUVEREZ ; DEMANDEZ LA ROUTE QUI Y CONDUIT, ON VOUS LA DONNERA : FRAPPEZ ENSUITE, ON VOUS OUVRIRA, & la sagacité de votre esprit saura peut-être, sans aucun secours, pénétrer le mystere que voilent ces Emblêmes ; & les lettres qui composent les sacrées paroles, elles vous sont toutes trois connues. Vous avez bien dépassé les limites de la premiere : on vous a dit qu'un temps la seconde avoit été perdue ; la troisieme est une alliance heureuse de la Piété & de la Grace. Voyez le complément de tout ce qui avoit été prédit.

Alors on le laisse chercher ; & s'il demandé, on lui montre, au milieu de l'Enceinte, au-devant du Trône, entre les débris des quatre Colonnes, un Coffre d'airain bien scellé, fermant à clef & à cadenas, qu'il doit soulever par trois secousses ; puis, ayant frappé neuf coups sur le couvercle, le Lord Maître lui donne les clefs : il l'ouvre, & en sort trois Médailles d'or, sur chacune desquelles sont les lettres initiales des mots des premiers Grades, & une quatrieme sur laquelle est écrite la parole sacrée des parfaits Architectes Ecossois de St.-André In. Ja. Is., laquelle décomposée des premieres aux finales, forme le mot du Grade. C'est à lui de le développer, & on lui laisse le temps de réfléchir jusqu'à la réception suivante, après toutefois que le Lord Maître lui a donné le Bijou, consistant en une Croix de Saint-André couronnée, traversée dans son milieu par un cercle, au centre duquel est un triangle qui porte le nom mixte Hébraïque Injais, ou un grand J & deux autres J aux croisillons supérieurs, si mieux n'aime une espece de Gloire d'or radieuse, de forme ronde, servant de champ à une Croix de Saint-André verte, sur laquelle repose un Saint-André émaillé, figure & couleur naturelle ; au revers un triangle gravé entre quatre couronnes, & au milieu du triangle, les initiales Hébraïques de la parole. Ce Bijou est préférable, mais de plus difficile exécution. Il se porte à la boutonniere avec un ruban vert moiré, liseré de rouge, excepté pour ceux à qui leur Office donne le collier ou le grand Cordon, ainsi qu'il est dit aux Réglemens.

Il est à remarquer que le Coffre d'airain contient, au lieu de plans anciens, tous les Grades soi-disans connus de la Maçonnerie, parce que, dès l'instant de son inauguration au College, le Récipiendaire en acquiert de droit la connoissance. Il y a de plus, dans la Cassette du College de Saint-Théodore de Metz, une Médaille d'argent frappée à Hambourg, qui porte deux épées croisées en sautoir, surmontées d'un chapeau d'Evêque; au bas une pomme de grenade avec ses grains déployés; au revers une étoile radieuse figurant le Bijou de Saint-André marqué dessus. Cette Médaille sert à prouver l'authenticité du Grade, & qu'il étoit connu y a plus de vingt-cinq ans (1).

CATÉCHISME.

D. Etes-vous quatre fois respectable Maître Ecossois?

R. La clef des Loges est à mon commandement.

D. Comment me le ferez-vous connoître?

---

(1) Voilà un titre merveilleux & une antiquité bien respectable!

R. Si vous savez lire.
D. Comment l'avez-vous appris?
R. En écrivant.
D. Quel âge avez-vous?
R. Mille ans & plus.

A ces quatre réponses, auxquelles dans l'essai on joint la décomposition des lettres, un parfait Architecte Grand-Ecossois se fait reconnoître. Le Grade n'en prescrit point d'autre; & le Catéchisme, qui souvent n'est qu'un piege de plus à la discrétion, se borne ici à ces points principaux.

Explication Allégorique, Mystique & Historique des Cérémonies & Décorations.

La Loge ne représente point le Temple de Salomon tel qu'il étoit lors de sa destruction; mais la Salle du Lord Maître, dans laquelle on ménage une Enceinte, carré long quelconque, forme du Temple, qui doit contenir à l'abri de l'œil profane ceux qui, par état, sont destinés à sa restauration. Les différens morceaux qui y sont épars, tels que le Chandelier à sept branches, les Colonnes, les Caſſolettes, la Table de Propoſition, n'y ſont que commémoratifs, par reſpect pour les anciens veſtiges; & l'on tient pour conſtant que le dépôt réel des Ecrits Chaldéens qui renfermoient les principes de l'Art Royal, & que la rouille du temps auroit reſpecté, eſt encore pour une grande partie en dépôt dans la grande Loge d'Ecoſſe à Edimbourg, & une autre portion dans le Caveau du Couvent des Maronites ſur le Mont Liban.

La Loge ou l'Enceinte eſt éclairée de quatre-vingt-une lumieres ou approchant, à cauſe des quatre-vingt-un Freres députés qui remirent le dépôt ès-mains auxquelles on le confioit. Par une interprétation myſtique, ces quatre-vingt-une lumieres ont encore un autre ſens, puiſque ce nombre eſt le calcul cubique du nombre 3, toujours recommandable aux Maçons comme le plus parfait de tous, de maniere que même dans un ſiecle d'ignorance (1) où

___

(1) Un ſiecle d'ignorance qui a conſtruit le Temple au Dieu vivant, le plus auguſte qui ait exiſté, & qui vraiſemblablement exiſtera jamais, & où, ſelon l'Auteur, on en conſerve les plans, devis, &c., pour les ſiecles éclairés qui doivent

les myſteres heureux & ſalutaires d'un Dieu en trois perſonnes n'étoient pas connus (1), les hommes, déja guidés par un INSTINCT RELIGIEUX, ne croyoient pas pouvoir repréſenter la Divinité ſous une plus auguſte image que celle d'un DELTA ou triangle équilatéral; origine du Proverbe Latin adopté dans des temps qui ſe rapprochent plus de nous : *Numero Deus impari gaudet ;* ce qui pourroit aiſément ſe regarder comme la deviſe des Puiſſances Trinitaires réunies, qu'un Auteur moderne & ingénieux, dans ſon Syſtême ſur la Rébellion des Anges, a ſinguliérement repréſentées

---

ſuivre, n'eſt-il pas auſſi lumineux que le ſiecle lucide où l'on fait revivre ce dépôt remis à Upſal par quatre-vingt-un Députés, & que cependant l'on conſerve à Edimbourg?

(1) Il eſt des vérités qui, quelque lumineuſes qu'elles ſoient, ne peuvent être traitées ſans être infiniment au-deſſous d'elles : celle d'un Dieu en trois perſonnes eſt de ce nombre. Sa ſublimité eſt au-deſſus des expreſſions; & ſi l'Auteur eût été vraiment Maçon, il n'eût point haſardé cette aſſertion démentie par les Auteurs tant ſacrés que profanes, ſans parler du dépôt qui leur eſt confié. Qui ignore que dans ces temps reculés il y avoit la Religion du Peuple & celle des Sages?

comme un cube, dont la vérité occupant les faces supérieures, l'Esprit de ténebres les faces inférieures, ce dernier n'auroit eu autre chose à spéculer que de faire tourner le cube pour se trouver au-dessus de celui à qui il devoit son existence. Ce cube se reproduit ici dans le nombre de quatre-vingt-un. Trois fois trois font neuf; trois fois neuf font vingt-sept; trois fois vingt-sept font quatre-vingt-un.

Mais, comme toutes ces explications sont contraintes, & qu'elles sont moins propres à éclairer l'esprit qu'à jetter du louche dans les idées, il ne convient guere à ceux qui touchent enfin des vérités réelles, de s'occuper de toutes ces allégories forcées qu'il est plus à propos de ranger dans la classe de ces inductions multipliées, que l'abus des termes, la chaleur de l'imagination, peut-être aussi le besoin d'étonner les hommes quand on ne peut pas les convaincre, a malheureusement introduites dans la Maçonnerie, & qui sont comme le germe de cette foule de Grades sans suite, sans liaisons, sans effets, qui, en décomposant un tout sérieux & raisonnable, en ont fait des parties de détail absurdes, puériles, quelques-unes même vicieuses : aussi renvoyant aux génies frivoles les assertions des Novateurs, tenons-nous simplement au sens indiqué par le rapport des faits & la convenance des situations.

Le mot Loge est pris en général du mot générique Allogio, qui veut dire Hospice quelconque destiné à l'assemblée ou congrégation de plusieurs. A l'entrée de celle-ci on trouve un Billot & une Hache qui n'est qu'une sorte d'appareil pour sonder la résignation du Postulant, & s'assurer de son obéissance : ainsi le Dieu d'Abraham essaie son serviteur, en lui ordonnant un sacrifice plus rigoureux que n'eût été celui de sa propre vie. Les Tableaux d'Apprentif & Compagnon qui sont à l'entrée à côté du Billot, ne sont employés que pour rappeller au Récipiendaire les premiers Emblêmes par lesquels une heureuse hypothese l'a conduit au développement d'une vérité.

Le Chapeau d'Evêque au-dessus de la Cassette, n'est qu'une mémoire de ce qui s'est passé, & une marque honorable pour le Prélat, dont il semble que le Chapeau respectable ait un temps couvert & abrité le dépôt de nos mystérieuses pratiques.

Le tour qu'on fait prendre au Candidat avant de le mener à l'Enceinte, est un ressouvenir du long voyage de nos Freres de la Palestine en Suede.

Le voile qui coupe l'Enceinte est le symbole des prestiges dont on use encore dans les premiers Grades, pour voiler au Candidat notre but. Ce Rideau tombe dès qu'il s'avance vers l'Enceinte.

La Pomme de Grenade est un symbole équivalent à celui du Faisceau d'Esope; un millier de pépins contenus dans le même fruit, un même germe, une même substance, un même asyle, image du Peuple Maçonnique, qui, tout multiplié qu'il est, ne doit faire effectivement qu'une seule & même famille.

La signature avec le sang est une suite de l'ancien Historique (1), où il est dit que Salomon, en récompensant les Architectes, leur donna un livre revêtu de lames d'or, qui contenoit les secrets du Temple, après les avoir fait signer de leur sang d'être fideles, & avoir enregistré tous leurs noms. Mais, sans le secours de cette fiction, il est plus plausible de croire que cet usage dérive de ce qu'en effet aux Croisades nos Freres

---

(1) Cette défiance outrée dans la parole des hommes est d'institution plus moderne, & n'a jamais été employée à des motifs louables.

ont scellé de leur sang leur attachement à nos pratiques & aux objets religieux qui les animoient. Il faut rapporter à cette même cause l'usage du Tablier blanc bordé de rouge. Les vêtemens des Croisés furent plusieurs fois teints du sang qu'ils répandirent en ces saintes & meurtrieres circonstances. Ce Tablier est de peau simple, parce que tous les ornemens étrangers, livrée du luxe, ne vont point à la modestie de notre état. La Clef qui y est peinte est notre attribut essentiel; & la Poche semble avoir été employée par les Architectes pour contenir leurs plans, rouleaux, argent, outils, &c.

Le Grade s'appelle quatre fois respectable, 1°. parce que ceux qui en sont revêtus sont initiés, pour la quatrieme & derniere fois, dans la Maçonnerie, & en conséquence sont quatre fois respectables, en raison du volume de connoissances qu'ils ont acquises, du zele & constance qu'ils ont quatre fois prouvé pour y parvenir : 2°. c'est par la même raison, que celle qui suit emploie les quatre Couronnes dans le Bijou, dans le Sceau & dans la décoration de la Salle. Les Maçons ayant été spécialement protégés par les Rois de Suede, d'Angleterre, d'Irlande & d'Ecosse, ils sont d'autant respectables, qu'ils ont joui dans ces Royaumes de privileges & de prérogatives : en Suede, sous le Roi Ingo, vers l'an 1125; en Angleterre, sous Richard Cœur de Lion, vers l'an 1190, & Henri III, vers l'an 1270; en Irlande, sous Henri II, pere de Richard, l'an 1180; enfin en Ecosse, sous Alexandre III, contemporain de S. Louis, vers l'an 1284 (1).

---

(1) L'Auteur ici oublie ou feint d'oublier le Roi d'Angleterre qui a le plus fait pour la Maçonnerie, en même temps que pour le bonheur de son Peuple, en lui donnant des loix sages, & le tirant de l'ignorance grossiere où il étoit plongé alors, qui étoit telle, dit-il, « que depuis » la riviere d'Humbre jusqu'à la Tamise, il n'y » avoit aucun Prêtre parfaitement instruit de l'Of- » fice Divin, & que depuis la Tamise jusqu'à » la mer, il n'avoit pas trouvé un homme ca- » pable de traduire le Livre Latin le plus facile ». Dans l'Histoire de la Franc-Maçonnerie, imprimée par ordre & aux frais de la grande Loge de Londres, *in-4°*., & traduite en François en 2 vol. *in-12* en 1745, on voit « qu'Al- » frede le Grand fit venir de France des Maçons » qui avoient conservé les Réglemens du temps » des anciens Romains ». Cet Alfrede le Grand mourut en 900, âgé de 52 ans, après un regne

Jean-Sans-Terre, frere de Richard, avoit déja, dès le temps de la troisieme

traversé, digne d'être comparé à celui d'Henri le Grand pour l'adversité qui épura la bonté du cœur de ces deux Héros. Ce fait historique ne pouvant s'accorder au retour des Croisades, il falloit bien le taire, pour donner quelque faveur au système de ce Grade; & c'est ce que l'Auteur a fait. On ne lui fera point de reproches d'avoir oublié que la France n'est pas sans compter de ses Rois pour protecteurs & bienfaiteurs de la Maçonnerie. On ne voit aucun vestige dans cet Ouvrage qui puisse lui en faire soupçonner la connoissance : cependant Charlemagne ne négligea rien pour l'étendre aux siecles les plus reculés. Nous voyons son attente soutenue, malgré la révolution des siecles, & nous pouvons croire qu'elle ne sera point déçue ! après avoir fondé......... de Paris. C'est à Aix-la-Chapelle, comme Pepin à Chantilly-lès-Paris, que ce Monarque immortel se délassoit sans foiblesse & dans le sein des Sages qu'il appelloit de toutes parts, du poids du Gouvernement de l'Empire le plus glorieux du monde connu, & qui auroit asservi le globe entier s'il en eût eu l'ambition, & que le nombre de ses années se fût multiplié. Son fils Louis le Débonnaire, héritier d'une portion de sa puissance & de tout son amour pour les Maçons,

Croisade, marqué son zele pour les Maçons. Ce Prince malheureux s'étant fait

en fut nommé le Grand-Maître le 25 Décembre 814. Sa bonté excessive, que l'on pourroit nommer foiblesse, sa tendresse paternelle, le rendirent le plus infortuné des Princes, comme il en étoit le plus vertueux. Abandonné à Compiegne en 830, il se livra à la discrétion des Rebelles, qui, n'osant attenter directement à la vie, à la liberté de ce Prince, lui insinuerent de se faire Moine. Quelques mois de délais qu'il obtint, faciliterent son rétablissement, qui fut fait à la Diete de Nimegue, en condamnant les Révoltés que Louis pardonna. Un Religieux.......... nommé *Gombaud*, intelligent, actif, laborieux, plein de ce zele pur que l'on doit à son Souverain, opéra cette heureuse révolution, qui redevint plus scandaleuse en 833 au Parlement de Compiegne, dont on ne peut se rappeller qu'avec horreur les excès où se porta cette Assemblée, où la Religion fut jouée, la majesté des Rois méconnue, toutes les Loix de la Nature ouvertement violées. Les Comtes Lambert, Mafride, deux esprits également factieux, secondés par l'Archevêque de Reims Ebbon, que l'Empereur avoit tiré du néant & comblé d'honneurs, étoient les moteurs de cette conspiration atroce, sous l'aveu, l'autorité de ses fils ingrats. Il fut dé-

initier dans leur Ordre, en avoit depuis été élu Chef; & l'on a même lieu de

pouillé de ses habits Impériaux, revêtu d'un habit de Pénitent, chassé de l'Eglise de Saint-Médard où cette scene horrible se passoit, & enfermé dans une cellule du Monastere. « Est-ce » ainsi, s'écrie Thégan, Archevêque de Treves, » en adressant la parole au perfide Ebbon ; est-ce » ainsi, malheureux affranchi, que tu reconnois » les bontés, les bienfaits de ton Souverain ? Il » t'a revêtu de la Pourpre, & tu le couvres d'un » cilice ! Il t'a élevé sur le Siege Episcopal, & » tu veux le renverser du Trône de ses peres ! » Cruel ! n'entends-tu pas la voix céleste qui dit » que l'Esclave n'est point au-dessus de son Maî- » tre, de son Seigneur ? Impie ! as-tu donc oublié » le précepte de l'Apôtre sur le respect que l'on » doit aux Maîtres du monde ? Soyez soumis aux » sublimes Puissances ; il n'y en a aucunes qui » ne viennent de Dieu ». L'Abbé d'Hugues, Drogon, Evêque de Metz, fideles à leur Maître, épris de ce zele dont le Frere Gombaud leur avoit tracé la route en 830, réussirent à faire rentrer dans le devoir le Roi d'Aquitaine, Louis de Baviere, & les Bourguignons, sous la conduite des Comtes Bernard & Varin. Cette confédération effraya Lothaire : Louis fut libre, & pardonna encore; & l'Assemblée de Compiegne fut déclarée

croire que ce fut en son honneur que l'Ordre en général adopta S. Jean pour Patron. Aidé de nos Freres, il pro-

---

un Conciliabule inique & factieux, en 834, à Saint-Denis.

En 835, au Parlement de Thionville, où l'atroce Jugement contre Louis le Débonnaire fut encore cassé & annullé, les Prélats conduisirent l'Empereur à Metz, pour le réintégrer une seconde fois aux yeux de la Nation. En cette Fête solemnelle, SEPT Archevêques chanterent sur sa Personne sacrée SEPT Oraisons faites à cette occasion *unique*, pendant la Messe Pontificale qui fut célébrée. Le perfide Ebbon ensuite monta sur la Tribune, s'accusa lui-même, demanda pardon à Dieu & à l'Empereur, & se démit de son Archevêché, évitant par-là un Jugement, une condamnation, qu'il ne pouvoit éviter.

Charles VI, premier Roi qui porta le titre de Bien-aimé, auroit sans doute porté l'Art Royal en France au plus haut point de considération; il en faisoit ses délices. Le coup de soleil qui dérangea les esprits de cet auguste Prince, plongea la France dans des malheurs affreux, d'autant plus sensibles, que le commencement de son Regne étoit le crépuscule d'un des plus brillans de la Monarchie Françoise.

jettoit,

jettoit, en formant pour eux des établissemens utiles, de se procurer lui-même un sort avantageux & des possessions considérables, lorsque ses desseins furent traversés par le procès terrible qu'il essuya, & dans lequel il fut condamné à perdre la tête. Quoique ce Jugement soit demeuré sans exécution, il n'est pas moins probable de penser que c'est précisément la mort de ce Maître qui a donné lieu à l'appareil lugubre du troisieme Grade de la Maçonnerie. JEAN-SANS-TERRE, depuis remonté sur le Trône d'Angleterre, vers l'an 1215, n'a pas été le moindre appui des Maçons & de la Maçonnerie, qui cependant n'a pris forme de Loge régulièrement assemblée que sous le Lord Stuart d'Ecosse. Les connoissances sont ensuite parvenues en France par un canal dont on regrette de se rappeller l'époque. *Jacques Mabiotte*, Confesseur de Guillaume-le-Conquérant, ayant, sous le spécieux prétexte d'une confiance religieuse, abusé de celle du Prince, en obtint, mais d'une façon morcelée, l'explication des objets constitutifs de la confraternité des Franc-Maçons. L'esprit monastique, travaillant ensuite sur le canevas informe rendu par une mémoire infidelle, a semé dans notre

F

Patrie les chroniques douteuses, imparfaites, défigurées, sur lesquelles la Maçonnerie Françoise, peu recommandable aux autres Nations, loin de gagner du luxe & du crédit, a saisi la fable pour la vérité; & bâtissant sa morale sur d'ingénieux mensonges, que chacun s'est cru en droit de pouvoir étendre, il en est résulté ce chaos monstrueux de Grades arbitraires, dans lesquels, si l'on retrouve quelques étincelles des premiers principes, quelques surfaces analogues, on rencontre à chaque pas des dissemblances, des contresens, des anachronismes, des maximes pernicieuses, erronées, qui sortent de la these essentielle, dérogent aux obligations les plus saintes, dégradent le Citoyen, écartent le Sujet, & font rentrer une société d'hommes vertueux, vraiment amis, dans le cercle vicieux des spéculations humaines, ambitieuses ou politiques. Cette réflexion nous ramene nécessairement encore à de nouvelles remarques sur le Grade de G. J. G. E. Chevalier Kados, qui n'est soutenable en aucune de ses parties; les Maçons du Temple confondus avec les Religieux Templiers : ici l'Histoire se trouve foulée aux pieds; fait revivre ces mêmes Templiers proscrits par le concours des Puissances. Dans un corps d'hommes honnêtes qui ont juré à leur premiere initiation fidélité, amour à leur Prince, qui cependant projettent la vengeance au mépris des loix de l'Etat, & de l'Arrêt irrévocable de ces mêmes Puissances, pour s'emparer, à titre de conquêtes, des possessions qui ne leur ont jamais appartenu, sans renseignemens, sans titres, qui les autorisent, sans avoir seulement conservé les vœux, les vêtemens, les formes de ceux qu'ils veulent reproduire (1), c'est à tous égards une allégation odieuse & déraisonnable, abus terrible qui doit sa

---

(1) Que la jalousie de métier est d'un dangereux exemple! Pourquoi revenir à ce faux Grade Maçonnique, proscrit dès 1766, & s'étendre avec tant de complaisance sur les abus qu'il présente? N'est-ce point afin de faire perdre de vue les abus, & les chimériques prétentions de celui-là même, modifiées dans celui-ci? Si ceux-là n'ont point de titres, quels sont ceux de celui-ci? Disons-le, ce sont des bâtards non moins coupables que leurs peres, qui, sous une autre forme, projettent une invasion, que le spécieux prétexte du rétablissement du Temple ne peut couvrir aux yeux du Citoyen honnête, & encore moins des Puissances auxquelles nous sommes soumis.

F ij

source à l'esprit d'indépendance, comme la plupart des inventions faussement appellées *Maçonniques*, la doivent à l'indiscrétion d'un Frere, dont la bonne foi auroit été surprise ou mal-avisée: de-là cette filiere indécente (1); *Ecossisme de Clermont, de Montpellier, de Prusse, des trois J, des petits Appartemens, des 81, cet Elu des 9, des 15, de l'Inconnu de Pérignan*, & ce CHEVALIER D'ORIENT (2), *de Lapis, d'Occident, du Nord, du Soleil, du Phénix, du Pélican, de la Gerbe d'or, de l'Aigle, de Grand Rose-Croix, Souverain Commandeur du Temple, Maçon d'Hérédon, Adeptes, Sublimes Philosophes, Royal-Arche, Maître Parfait, Illustre Prévôt, Juge Irlandois, Vénérable Maître de Loge,*

---

(1) Ce mot est bien impropre; & la plupart des Grades prétendus indécens, s'ils sont futiles, n'obligent point à abandonner patrie, pere, mere, femme, enfans, &c., pour courir après des chimeres.

(2) L'intérêt qui a fait ménager ci-devant le Grade de CHEVALIER D'ORIENT, se reproduit ici. Il est barré dans le manuscrit, & l'on a mis au-dessus *de Lapis*. Nous faisons cet aveu, afin que quelques-uns des Colleges ne nous accusent pas d'avoir altéré ou falsifié leur Rit.

& tout récemment le *Clarior è nube furgit*, *&c. &c. &c.*, l'initié aux myſteres, qui n'eſt qu'un nuage de plus, & tant d'autres enfin où l'on voit, à travers la gaze épaiſſe du preſtige, percer encore quelques traces des vieux documens, mais tous hors d'œuvre, déplacés, contraints, ſe choquant l'un l'autre, & faiſant d'une ſeule & même famille un peuple de ſchiſmatiques, qui n'ont plus de rapport ni de conformité que dans le nom qu'ils portent, ſouvent encore trop avili & décrédité quand les mœurs n'y répondent pas. Daigne le G. A. de l'Univers, M. C. F., nous préſerver de ces erreurs! Rendus à la vérité, ne voyons qu'elle, n'écoutons qu'elle, n'admettons qu'elle; & s'il ne convient point à notre état de Citoyens tranquilles de nous ériger en Réformateurs, rôle toujours inquiet, turbulent & défavorable, tâchons au moins d'amener, par la perſuaſion, ceux qu'il nous importe de convaincre, & qui méritent d'être convaincus. Que l'exemple, plus puiſſant encore que les préceptes, ſoit pour nous un avis conſtant de la néceſſité du ſecret: lui ſeul peut conſerver nos travaux dans leur pureté, réaliſer nos vues, & nous conduire enfin par des voies légitimes, & que les méthodes uſitées entre nous, notre union, notre urbanité réciproque, ſauront ſemer de fleurs. Au ſuccès infaillible de l'entrepriſe généreuſe qui nous anime, dont l'événement tourneroit à la gloire de l'Eternel, au profit de la Chrétienté, & à notre avantage perſonnel; ſi nous ne travaillons pas pour nous-mêmes, ſi les circonſtances s'oppoſent peut-être au fruit de nos ſoins pendant notre voyage ſur le globe, portons nos regards au-delà de nous; que nos fils, que nos freres, que nos neveux, ſans ceſſe préſens à notre eſprit, animent notre zele, ſoutiennent notre conſtance! Le bon citoyen, le pere tendre, le frere vertueux, l'ami fidele, travaille pour lui-même; il obtient déja ſa récompenſe en s'occupant du bonheur de ceux qui doivent le ſuivre.

CÉRÉMONIAL DE TABLE.

Rien n'y change de nom. Le Collège eſt cenſé continué depuis le travail; & le Lord Maître, d'un ſeul mot & d'un coup, le remet en action.

Temps de l'Exercice.

Au premier, le Gobelet à la hauteur de l'épaule droite.

Au deuxieme, à l'épaule droite appuyée.

Au troisieme, à la hanche gauche.

Au quatrieme, à l'épaule gauche.

Au cinquieme, à la hanche droite.

Au sixieme, en avant, à la hauteur à l'épaule droite.

Au septieme, à l'épaule droite appuyée.

Au huitieme, en avant.

Au neuvieme, posé ce qui fait toujours Equerre & Croix de Saint-André.

Les Santés sont :

1°. Celle du Roi;
2°. Celle du Grand-Maître d'Ecosse;
3°. Celle du College Fondateur;
4°. Celle des Chevaliers de la Palestine;
5°. Celle du Lord Maître;
6°. Celle des Officiers du College.
7°. Celle des nouveaux Reçus.
8°. Celle de tous les Ecossois de Saint-André & Colleges correspondans.
9°. Celle de tous les Maîtres de Loges & de tous les Maçons.

Chacun remercie dans son particulier.

CHANSON.

AIR : *Quand j'étois dans mon jeune âge, &c.*

JUSQU'ICI, plus d'une Muse
Sur nous essaye des sons :
Le zele a servi d'excuse
A bien des fades Chansons.
Mais, pour bien peindre notre Ordre,
Pour en donner du desir,
Montrons que loin du désordre
Il fait germer le Plaisir.

Taisons-nous sur l'origine
Qui date aux siecles passés :
Aux champs de la Palestine
Nos Aïeux sont trépassés.
Prendre une plus fraîche époque,
C'est illustrer nos travaux :
La source est moins équivoque,
Quand les faits sont plus nouveaux.

Salomon bâtit un Temple.
Ce Temple fut renversé :
D'Ouvriers, à son exemple,
Le travail fut dispersé.
Mais une Troupe célebre
Veut reconquérir un Lieu

Saint par l'appareil funebre
Du supplice de son Dieu.

Sans m'expliquer davantage,
Maçons, vous me comprenez;
Et dès leur apprentissage,
Plusieurs l'auront deviné.
La foule & le fanatisme
Qui guida tout ce dessein,
Fut cause de l'heureux schisme
Dont est sorti notre essaim.

Pour nous distinguer des autres,
Loin du tumulte & du bruit,
Nous nous fîmes les Apôtres
Du mystere & de la nuit.
Des rits, des mots, un emblême,
Un religieux ferment,
Au Public font un problême
D'un si bel engagement.

Une fine allégorie
A des crayons imparfaits,
Par l'adresse du génie,
Sçut prêter de nobles traits.
Tout précepte qu'on appuie
Sur l'intérêt du moment,
Est une chaîne qui lie
Par l'attrait du sentiment.

Notre plus belle maxime
Est sans doute l'égalité :

F v

Tous les hasards qu'on estime,
Font tort à l'humanité.
L'égard des rangs est chimere;
L'orgueil est un vrai fléau.
Chez nous, le titre de Frere
A mis chacun au niveau.

C'est en vain que l'on differre,
Et qu'un penchant criminel
Des Maçons ourdit la perte,
En cherchant leur but réel.
Profane, il n'en est point d'autre
Que celui qui s'offre aux yeux ;
C'est mon desir, c'est le vôtre :
Nous voulons tous être heureux.

Amis, j'ai brisé le voile
Qui vous déroboit le vrai.
Que le feu de notre Etoile
Brûle vos cœurs pour jamais !
De la chaîne qui nous lie,
Vous connoissez les tissus.
Resserrons-la pour la vie,
Par le charme des vertus.

Ce dernier Couplet se chante en formant la chaîne croisée pour figurer la Croix de Saint-André, comme on le fait avec le gobelet à chaque santé, en choquant de l'un à l'autre.

Pour Copie conforme à l'original. Orient de Paris, ce 27 Juillet 1766. *Signé*, Théodore - Henri, Baron DE TSCHOUDY, *Sérénissime Lord Maître.*

RÉGLEMENS *du quatre fois respectable College Écossois de* SAINT - ANDRÉ D'ÉCOSSE, *dit de* SAINT-THÉODORE *de Metz.*

Art. 1er. Les Ecossois ne reconnoîtront de Supérieurs, quant à la discipline & manutention, que les illustres Chevaliers de la Palestine leurs Freres, de qui ils émanent & font constitués, sans préjudice d'ailleurs à l'exercice de tous leurs droits & privileges envers tous les autres Maçons, dont le Corps nuement considéré sous cet aspect, est totalement distinct & séparé de l'Ordre & du Chapitre illustre de la Palestine. (*Nota.* Quelle modestie)!

2°. Pour les prérogatives des Ecossois envers tous Maçons, même Maîtres de Loges, on pourroit recourir aux Réglemens anciens de la 1ere G. L. de France en 1756, signés DE VALLOIS; établis en faveur des soi-disans F. Ecossois de Montpellier, de Clermont, des trois J., qui pour cette partie sont assez

F vj

analogues aux usages primitifs, en observant que, sous aucun prétexte, un Ecossois de Saint-André, pour l'honneur du Grade, ne doit céder le pas à un Maçon quelconque, & qu'il doit se faire rendre la politesse du Marteau, pour n'en point abuser, à moins qu'il ne soit tenu par un Chevalier de la Palestine, ou un Ecossois de Saint-André. (Le Sérénissime Lord Maître n'étoit pas exact observateur de cet article ; on l'a vu en plus d'une Loge, qui n'étoient pas tenues par des Chevaliers de la Palestine ni Ecossois de son Saint-André d'Ecosse, sans exiger la présentation du Marteau. Que devient l'honneur du Grade)?

3°. Les Ecossois, comme faisant partie du Corps Maçonnique, célébreront la fête de la Saint-Jean, Patron convenu de la Maçonnerie ; & de plus, annuellement sans aucune dispense, sauf l'amende arbitrée par le College, celle de Saint-André Patron d'Ecosse, dont la solemnité commencera toujours par l'hommage dû à l'Être suprême, ainsi que toutes les assemblées de travail, avec offrande suivant l'usage. (Ce Grade, art. premier, est totalement distinct & séparé de la Maçonnerie, & le voici réuni).

4°. De même que les Chevaliers de la Palestine sont les Juges nés des Ecossois, les Ecossois sont les Juges nés de tous les autres Maçons, en état de tempérer par leur prudence le trop de sévérité de la Grande Loge ou des Meres-Loges s'il y en a ; comme de sévir avec rigueur en cas de délits, si celles-ci se relâchoient de l'exacte regle. Ne souffriront en conséquence les quatre fois R. F. E. aucune érection de Mere-Loge Provinciale ni tenue d'icelle, s'il n'y a toujours deux Commissaires du College priés & nommés pour y assister, encore bien que la présidence desdites Meres-Loges fût remplie par un Ecossois, (Aucun Corps Maçon n'a jamais porté l'orgueil à ce point).

5°. Le nombre exactement complet pour un College, est de quatre-vingt-un Membres, lequel une fois rempli, ne pourra être admise aucune personne sous aucun prétexte que par vacance d'une place à cause de décès ou d'absence indiquée, & toujours du lieu où le College est établi. (Article assez inutile).

6°. Le College est régulier lorsque quatre Ecossois le forment, & même pour un cas d'établissement ou de nécessité, un seul Chevalier de la Palestine, s'il est avoué d'un Chapitre régulier, peut en former l'installation ; mais ne pourra être commué à aucun particulier l'autorité de fonder un College d'une Ville à autre, sans l'assistance d'un dit Chevalier s'il y en a de connus, ou de trois autres quatre fois R. Ecossois. (Il donne & reprend ; cette prérogative est belle, garre les contradictions).

7°. Les droits pour l'installation d'un College d'une Ville à l'autre, seront attribués au College d'où émane la constitution comme fondateur, & seront arbitrés par icelui en raison de réception, fixés au même College, le tout invariablement & à toujours, en observant que comme un College ne peut être accordé sur l'instance d'un seul particulier, mais qu'il faut la requête collective de quatre Freres bien famés, & connus Apprenti, Compagnon & Maître. Il sera exigé d'iceux, par exemple par le College Saint-Théodore, outre le prix des droits de réception qui est de CENT TRENTE-SIX LIV., la somme de QUATRE-VINGT-SEIZE LIV. par chaque Requérant, ce qui fait quatre louis pour tout une fois payés ; soustraction faite comme il est juste, pour chacun desdits

Requérans, du prix du bijou, Ruban, Gants & Tablier, qu'ils ne reçoivent pas du College fondateur ; en outre SIX FRANCS PAR ANNÉE par droit de primitive installation, & sera aux frais du College à installer appellé un Chevalier de la Palestine, ou, à son défaut, quatre Ecossois pour y concourir. (Peut-on trop cher acheter l'espoir de Commanderies illusoires ? Nous invitons les Chevaliers de la Palestine à publier leurs Réglemens ; ce doit être un chef-d'œuvre, puisqu'un vaut quatre Ecossois de Saint-André d'Ecosse, le *nec plus ultrà* de la Maçonnerie suivant le Discours historique, &c).

8°. Le College constituant fournira au Constitué les Copies, Ecrits, Renseignemens & Patentes nécessaires : le prix en sera payé en sus des quatre louis perçus au Secrétaire chargé de ce détail, ensemble le droit du sceau, le tout évalué à TRENTE LIVRES. (Quatre droits de réception à 156 liv. l'une, & quatre louis d'or par Requérant avec ces trente liv., font 958 liv. qu'il en coûte pour la formation d'un College d'Ecossois de Saint-André d'Ecosse, composé de quatre Freres, non compris les frais de déplacement d'un Chevalier de la

Palestine ou de quatre Ecossois d'Ecosse, François, Allemands ou Hibernois, &c).

9°. Il n'y a essentiellement dans un College que quatre Officiers Commendataires, savoir le Respectable Lord Maître, le Grand Inspecteur, le Sous-Inspecteur & le Maître des Cérémonies, chargé aussi de la partie oratoire ; point de Secrétaire ni de Trésorier, les registres ET LA MANUTENTION ÉCONOMIQUE ÉTANT DÉVOLUS AU CHAPITRE DE LA PALESTINE, dont néanmoins le Secrétaire, NON PAS A TITRE DE DROIT EXIGIBLE, MAIS PAR CONDESCENDANCE pour le College, lui fera voir l'emploi une fois par an, c'est-à-dire au sixieme mois de l'année Ecossoise, laquelle commence au jour de Saint-André ; le Chapitre ne pouvant être chargé des deniers du College à titre de comptabilité, puisqu'il est tenu dans tous les cas de suppléer aux besoins de ses propres fonds, bien entendu que cette forme de régie n'a lieu que là où il y a un Chapitre : par-tout où il n'y auroit qu'un College isolé de ses premiers Chefs, il suivra la manutention la plus convenable aux circonstances, sans s'écarter des Réglemens. (Cet article n'est pas absolument clair ; on y voit un Chapitre auquel le College est assujetti, auquel il doit verser ses fonds sans qu'on soit tenu de lui rendre compte ; on veut bien seulement lui communiquer l'emploi qui en a été fait, bien entendu que ce College n'aura pas droit de remontrance. Quant au College isolé de ses premiers Chefs, nous verrons sans doute ce que les Réglemens prescrivent pour la manutention la plus convenable).

10°. Les quatre dignités ci-dessus dites, seront occupées autant qu'il se peut par des Chevaliers de la Palestine, à défaut d'iceux dans le lieu, par les plus anciens Ecossois, y appellés & promus par la voie ordinaire du Scrutin, tous les quatre ans au jour de Saint-André, excepté LE LORD MAÎTRE QUI N'EST POINT AMOVIBLE, & dont la place reste à vie, sauf démission volontaire de sa place, ou destitution forcée pour délit qui ne pourra être jugé que par le concours équivoque (on a sans doute voulu dire univoque) de tous les Colleges connus correspondans; & si c'étoit un Chevalier, déféré par lesdits Colleges au plus voisin Chapitre connu, ne pouvant être ledit jugé ou destitué que par ses pairs. (Cet article est bien vu).

11°. Aux quatre dignités ci-dessus

dites absolument vólues pour la confistence réguliere d'un College, il en fera suppléé quatre autres si le College est assez nombreux, sous le nom de seconds Offices, dignités annuelles qui se rempliront chaque an au jour de Saint-André, sous les dénominations suivantes. Commissaire à l'Entretien, Commissaire au Bureau, Commissaire aux Informations, Commissaire aux Visites ; ce qui équivaut à Secrétaire du détail, Econome, Inquisiteur ou Terrible, & Infirmier.

12°. La partie de la correspondance pouvant devenir considérable si plusieurs Colleges s'établissent, d'autant plus que nul Sujet ne peut être admis à l'un s'il n'est avoué à l'autre un temps suffisant avant pour avoir été annoncé & répondu, le Commissaire au Bureau sera chargé de cet objet, ou seul si le cas y écheoit, ou en faisant part au Secrétaire du Chapitre, ou de concert avec lui ; les ports de lettres, papiers & autres menus frais à cet égard, seront pris sur la caisse de détail, dont il sera ci-après fait mention ; le même Commissaire au Bureau dressera les procès-verbaux au courant de chaque tenue de College, fera les listes, lettres d'invitation sur sa simple signature, au vu du mandat du Maître des Cérémonies, tenant l'emploi de Secrétaire au Chapitre auquel ressortissent directement & exclusivement, ou à tout Ecossois en tenant place à défaut de Chevalier, tous les faits de copie, patentes, sceau ou grande administration auxquels sa signature est requise. (Cela n'est pas clair).

13°. Le Commissaire de l'Entretien aura en main la caisse de détail, laquelle est composée de tous les résultats de chacune des quêtes pour la décoration : savoir quatre par an, lesquelles seront faites à chaque tenue de College où il y aura réception, entre le temps auquel le Récipiendaire est laissé à ses réflexions & celui auquel on lit l'historique, indépendamment de la PETITE QUÊTE D'AUMONE pour les pauvres, laquelle est de droit à chaque assemblée, réception ou non, & se remet tout de suite ou à un Frere Ecclésiastique s'il y en a au College, ou à tel Frere qui la demande pour quelqu'un sur sa simple parole, pourvu toutefois que le même Frere ne la demande pas plus de deux fois en un an : au reste elle ne peut ni ne doit en aucun cas faire masse à la grande ni à la petite caisse du College.

La Caisse de l'Entretien sera formée

en outre de la MOITIÉ PLEINE DES DROITS D'INSTALLATION, qui feront payés par un College quelconque à ériger, LE DROIT ANNUEL entrant plein à la grande Caiffe : de plus chaque Officier promu à dignité premiere ou fecondaire, mettra à ladite Caiffe à fa volonté UN DROIT DE PROMOTION ; tous lefquels argents feront employés au defir du Commiffaire, à l'ornement & décoration du College, fauf le compte qu'il en rendra audit College tous les fix mois : & fur lefdits fonds pourront être affignées des récompenfes aux Freres Servans, fi le College le juge à propos, & même des fecours à quelque Frere Ecoffois étranger ou un autre, fi jamais il s'en préfentoit quelqu'un qui les réclamât à bon titre. Chaque Membre du College mettra à fa formation DOUZE LIVRES à ladite Caiffe pour la fonder au début.

14°. La quête pour l'entretien devra être faite par le fous-Infpecteur, celle de l'aumône par le Maître des Cérémonies, dont le détail est auffi l'arrangement des places à l'ordre intérieur du College. Cependant comme dans tous les cas de befoin les feconds dignitaires peuvent fuppléer aux premiers, la premiere quête pourra se faire par le Commissaire au Bureau, la seconde par le Commissaire aux Visites.

15°. Cette recette pour décorations ainsi que les droits de promotion aux Offices, n'étant qu'une charge volontaire, ne peuvent tourner en gêne : & il est bien juste que chaque Membre d'un College contribue pour la part qu'il juge à propos aux entretiens, puisque d'ailleurs les 156 liv. de droits de réception une fois acquittés, personne n'est tenu à aucun débourse : point de quotités, point de frais de banquets qui sont toujours pris sur l'argent des réceptions ; hors les cas où le College voulant s'assembler à l'extraordinaire, ou pour manger ensemble, ou pour traiter quelque Visiteur étranger quatre fois Respectable Maître Ecossois, alors le banquet seroit moitié pique-nique, moitié pris sur la Caisse de l'Entretien s'il y a des fonds.

16°. De ce que les banquets aux jours de réception sont toujours pris sur les deniers d'icelles ; il suit l'absolue nécessité de rassembler plusieurs Récipiendaires à la fois, pour subvenir aux frais du luminaire, banquet, &c. Delà suit invariablement la regle de ne tenir par année que quatre assemblées pour réception, à-peu-près d'intervalles égaux, lesquels chacun College fixera à son gré aux jours qui lui sembleront plus convenables, hors celui de Saint-André qui est de droit. Par cette méthode il sera d'autant plus facile que la correspondance d'un College à l'autre puisse avoir lieu, & qu'ainsi l'on soit avisé & répondu d'une ou d'autre part sur l'admission des sujets proposés, cette précaution étant nécessaire, parce que tel qui jouit d'une bonne réputation dans une Ville, pourroit être mal noté dans une autre, ce qu'il convient d'approfondir. Ainsi donc les quatre tenues pour le présent College seront ; savoir, le 30 Novembre Saint-André, Patron des Ecossois, le 8 Mars Saint-Jean de Dieu, le

le 25 Août Saint-Louis, fête de notre auguste Monarque.

17°. Par une exception à l'article précédent, quoiqu'il n'y ait que quatre jours fixés dans l'année pour réception ; le College néanmoins, pour acquérir un excellent sujet, qui par raison de départ ou autres invincibles ne pourroit différer au temps prescrit, sera libre de s'assembler une & même jusqu'à quatre fois à l'extraordinaire dans le cours de l'année, pourvu qu'après on en donne avis aux Colleges correspondans, ainsi que des motifs qui auront déterminé à cette transgression, & qu'il en soit fait mention aux Registres, bien entendu, qu'alors le Récipiendaire supportera seul tous les frais de l'assemblée, ou les partagera avec son second s'ils sont deux.

18°. L'article précédent, en ordonnant qu'il soit fait mention aux Registres, indique la nécessité d'en avoir; & en effet, le Maître des Cérémonies tiendra en regle, coté & paraphé à chaque page, le grand Registre des réceptions, des propositions & scrutins, qu'il relevera du petit Registre du Commissaire au Bureau seulement par extrait. Plus, il enregistrera toutes les dates d'assemblées, & marquera les entrées & préfences de tous les Freres. Le Commissaire au Bureau aura son Registre pour les procès-verbaux du courant, correspondances, minutes de lettres, &c. Chacun des Détailleurs, comptable ou non, tiendra un Livre de régie en regle. Il y aura de plus un grand Tableau suspendu dans le College, sur lequel se fera l'appel à l'ouverture de chaque séance. Le Commis aux Visites tiendra un petit Livre à part, sur lequel il piquera les absens, pour être par eux payé L'AMENDE DE VINGT-QUATRE SOLS à la petite Caisse, nonobstant toute excuse, hors maladie, mort de proches parens, mariage, ou voyage nécessaire à dix lieues de distance, les assemblées de College étant trop rares & prévûes de trop loin, pour que l'on ne puisse diriger ses affaires de façon à n'y pas manquer. Cette amende sera acquittée d'une séance à l'autre, sauf condamnation du double à la prochaine, si l'on est en retard. La raison du devoir instant de l'état civil que chacun professe, est aussi une exception valable.

19°. Le Commissaire aux informations, est celui auquel tout Ecossois, qui voudra proposer un sujet, sera tenu de s'adresser d'abord. Le Commissaire en fera part au Maître des Cérémonies qui le notera sur son Registre; ensuite s'enquerra du mérite & qualité du sujet, & d'après son témoignage, les Inspecteurs demanderont au Lord Maître une assemblée de Comité pour en faire la proposition. Cette enquête, qui doit être ménagée prudemment, & qui peut se faire, tant par soi-même que par les connoissances & relations, aura lieu pour les Freres étrangers annoncés des autres

autres Colleges, comme pour les Candidats domiciliés. Le même Commissaire fait au surplus en College toutes les fonctions d'Introducteur & de Préparateur.

20°. L'emploi de Commissaire aux Visites revenant à celui ordinaire d'Infirmier Stuart dans les Loges bleues, le F. E. qui en sera revêtu, sera tenu, en sadite qualité, de rendre compte au College, en la personne du Commissaire au Bureau, qui en fera note, de tous les Freres malades, s'il y en a; de les visiter, assister, consoler en conséquence si le cas échoit; tenir note de tous Freres étrangers arrivés au lieu du College, & qui feront du même Grade, lesquels devront s'annoncer chez lui, en avertir, pour qu'il leur soit fait accueil; informer le College de tous les délits ou contraventions commises en d'autres Loges, qu'il aura droit de visiter du fait de sa Charge, toutefois & quantes il le jugera à propos, autant qu'elles seront régulières, NON DU SEUL DROIT DE LEUR CONSTITUTION OU PATENTE, mais de l'aveu du College, qui peut, de son autorité, y suppléer, la primatie d'une grande Loge quelconque n'étant foncièrement qu'une chose de convention, pour l'uniformité de discipline & le rapport des correspondances dans l'étendue du lieu, pays, Empire ou Royaume où les Loges seroient situées. Ledit Commissaire devra au surplus, dans l'intérieur du College, visiter les appartemens, pour que rien ne dépérisse, ou soit suppléé & réparé à temps; veiller sur la conduite des Freres, & tenir note des fautes, pour les porter au Chef, n'y ayant aucune accusation publique. Du reste il fera, en cas d'absence, les fonctions de Maître des Cérémonies; pourra être employé accidentellement aux préparations : il tiendra en outre un Registre mortuaire, pour inscrire les noms de ceux des Freres qui, pendant le cours de l'année ou de son administration, paieront ce fâcheux tribut à la Nature, ensemble la date de leur réception, leurs qualités & dignités civiles & Maçonniques. Au reste, ces quatre Commissaires, quoiqu'ils soient annuels, pourront être continués d'année à autre jusqu'à quatre fois, ainsi que les premiers Dignitaires pour un second, troisieme & quatrieme quaternal; mais ces continuations se feront également par la voie du scrutin au jour prescrit, & personne, à moins de raisons prépondérantes, & qui seront estimées par le College, ne pourra refuser l'emploi à lui assigné par les suffrages.

21°. L'Habit d'Ordre, généralement requis au College, est un Surtout couleur de feu, collet & paremens verds, boutons d'or. On y a quelquefois suppléé par des habits verds, veste rouge; mais il est important, pour la décoration & pour la décence, que cette uniformité soit observée. Ces Surtouts, d'une étoffe légere & sans doublure, seront numérotés au nom de chacun des Freres, & mis au dépôt du College, pour en faire usage chaque fois. A la mort d'un Membre, SON SURTOUT RESTERA AU BÉNÉFICE DE LA CAISSE D'ENTRETIEN, qui pourra le vendre un tiers au-dessous du prix d'achat à un Frere survenant. Le Surtout dû à des Freres servans sera verd, avec une épaulette rouge simplement. Dans l'année, à compter de la lecture des présens Réglemens, chacun des Freres sera tenu de s'en pourvoir, sauf amende. Les Chevaliers de la Palestine pourront deux fois se dispenser du Surtout, & alors ils seront vêtus du grand Habit de l'Ordre. Hors ces deux cas, ils se conformeront à l'usage, si ce n'est qu'ils conservent toujours l'Echarpe au lieu du Tablier. Les autres parties de l'habillement prefcrits en College, font un Tablier carré, à poche, fans bavette, de peau blanche, peint ainfi qu'il eft dit, un Bijou d'argent vermeil ou émail pendu à un collier ou camail de ruban gros verd moiré, liferé de rouge, à lance affortie, que chacun doit fe fournir, ne recevant, lors de la réception, que le Bijou pour la boutonniere, attaché à un petit cordon dito, & des gants blancs bordés de rouge, les feuls Officiers Commendataires ayant le droit de porter en College le grand Cordon en bandouliere, fauf l'explication à l'article fuivant. Les Freres pourront affifter en Loge bleue avec leurs Surtouts rouges, en obfervant feulement que tous les quatre fois refpectables Maîtres Ecoffois qui s'y rencontrent à la-fois, foient vêtus de même, pour éviter la bigarrure. On aura attention que les chapeaux foient uniformes, ou tous noirs, au petit bord d'or; ce qui feroit mieux (La prolixité des art. 11 à celui-ci & les fuivans, ne nous permettent pas d'entrer dans leurs détails qui nous meneroient trop loin. Nous obferverons feulement, à l'égard de celui-ci, que le quatre fois refpectable Maître Ecoffois n'eft pas trop le dernier Grade de la

Maçonnerie annoncé par l'Auteur, vu les privileges des Chevaliers de la Palestine, qui font les Administrateurs réels des Colleges particuliers établis & à établir, & sur-tout sans rendre compte. Les Surtouts qui doivent rester au bénéfice des Colleges est un peu intéressé. Eh ! comment concilier cet abandon au profit du College, avec le numéro de chaque Surtout qui doit rester en dépôt au College, & avec la liberté de s'en servir dans les Loges bleues ? Si on l'emporte, la famille du décédé ne sauroit à qui le renvoyer. Si on ne l'emporte point pour s'en servir comme d'un cordon, comment pourroit-on s'en décorer dans les Loges bleues) ?

22°. Encore que les grands Officiers aient seuls en College le droit de porter le Cordon en bandouliere, pourront néanmoins & devront les quatre Officiers secondaires être vêtus du même ornement, à la différence que les premiers auront en outre le Collier, auquel pendra un cercle d'or ou vermeil, avec triangle à jour enlacé; les quatre autres seulement un ruban de boutonniere, auquel pendra un simple triangle équilatéral à jour, d'or ou vermeil: devront tous les Freres d'un College, comme dit est, porter le Collier & l'Attribut; & pourra cependant chacun d'eux, quoique sans Offices, se décorer en Loge bleue du grand Cordon, avec les distinctions ci-dessus mentionnées.

23°. Tout Officier qui se présentera au College sans ses marques distinctives, sous quelque prétexte que ce soit, ne pourra remplir ses fonctions ni tenir sa place, & mettra VINGT-QUATRE SOLS d'amende à la Caisse d'Entretien; sera d'ailleurs, pour cette fois, suppléé par le plus ancien ensuivant; & à récidive, jugé par le College pour une amende plus forte; à une troisieme fois, jugé par le College, si c'est un Ecossois, & par le Chapitre, si c'est un Chevalier, à suspension pour un temps.

24°. Les Places fixées en College & au Banquet pour les Dignitaires, sont l'Orient pour le Lord Maître, l'Occident pour le Grand-Inspecteur, la droite au centre pour le Sous-Inspecteur, la gauche au centre pour le Maître des Cérémonies, les angles en croisiere de Saint-André pour les Dignités secondaires; savoir, le Commissaire à l'Entretien, Orient à droite, le Commissaire aux Visites, Occident à gauche, le Commissaire au Bureau, Orient à gauche, le Commissaire aux Informations, Occident à droite, le reste des Freres mélés sans aucune distinction.

25°. Les Chevaliers de la Palestine, VOULANT & devant particuliérement fraterniser avec les Ecossois qui émanent d'eux, auront l'attention, excepté ceux qui occupent les grands Offices, s'il y en a, de ne prendre aucune Place distinctive en College, & se mêleront avec lesdits Ecossois, suivant que le hasard les fera placer, n'y ayant que le seul cas d'assister à une Loge bleue qui puisse leur faire reprendre leurs prérogatives de séance & de primatie, à moins qu'ils ne soient revêtus des grands Habits de l'Ordre.

26°. La primatie des Chevaliers de la Palestine n'est ni un droit abusif, ni une concession précaire, ni une usurpation, mais la prorogation d'une supériorité raisonnable, en conformité de ce qui s'observa, lorsque ces pieux & anciens Militaires Chevaliers de la Palestine, Corps absolument à part de la Maçonnerie, se joignirent aux Maçons à la premiere Croisade. Ce fut parmi eux, comme plus expérimentés aux faits d'armes, que nos Freres les Croisés élurent toujours leurs Chefs. Cette qualité s'est toujours perpétuée, ET DE NOS

JOURS ELLE NE TOMBE QUE SUR LA MANUTENTION, jufqu'à des circonſtances plus éclatantes. Par contre, les Chevaliers de la Paleſtine, pour marquer leur ſenſibilité, n'admettent dans leur Ordre ou Milice, aucun ſujet qui ne ſoit reçu Maçon. (Quelle humilité ! elle eſt digne du Roman. Il falloit bien un motif apparent *à cette manutention exclufive*).

27°. En Loge bleue, autant que faire ſe pourra, ſans trop intervertir l'ordre, les Ecoſſois auront attention de ſe porter ſur la même ligne, à la droite du Maître de la Loge, leur chapeau ſur la tête, obſervant d'ailleurs la diſcipline reçue, hors celle de demander la parole qu'ils ont de droit, ainſi que celle de ſortir & couvrir la Loge quand bon leur ſemble, ſans autre précaution, que d'en prévenir directement le Vénérable par une ſimple politeſſe. (On a vu des Loges aſſez idiotes, ou plutôt de ces Loges de ſoidiſans Maçons, ſi communes de nos jours, ſouffrir ce manque d'égards naturels, & ce type d'orgueil & d'inſubordination : le trouble, le déſordre, furent le prix de leur baſſe & craſſe complaiſance ; trop heureux lorſqu'il ne s'enſuivoit pas, dans la diſſolution de ces mêmes prétendues Loges, des diſſentions dont les Tribunaux avoient droit de prendre connoiſſance, & qui, par contre-coup, tombent ſur le vertueux Maçon que l'on ne confond que trop avec ceux qui ſe diſent en porter le nom)!

28°. Tout Ecoſſois ſe préſentant à une Loge revêtu de ſes ornemens, doit être introduit, ſans mot de paſſe, avec les honneurs, conſiſtant à lui envoyer UN STUARD & deux Freres en armes, & à ce que le Maître lui offre le Marteau, que le Frere Ecoſſois refuſe, tout procédé en valant un autre. Si le Maître de la Loge dénie cette condeſcendance, ſous prétexte de ne pas connoître le Grade, l'Ecoſſois doit ſe retirer, & la choſe n'arrivera pas trois fois au plus, ſans faire pour l'exemple une planche tellement fixe pour l'avenir, qu'elle ſerve à établir invariablement les droits du College. (L'aſyle de la paix, de l'union, de la vérité, métamorphoſé en un repaire d'ambitieuſes prétentions inſolites qui traînent à leur ſuite tous les maux deſtructibles de toute Société, préſente encore des menaces! *La choſe n'arrivera pas trois fois au plus, ſans faire pour l'exemple, &c.....* Qu'entend donc l'Auteur de ce Grade trop répandu, s'il s'entend, en exigeant l'envoi d'un STUART

G v

& *deux Freres en armes au-devant de son Ecossois d'Ecosse ?* Stuard, Stward, terminé par un *d* ou par un *t*, en Ecossois signifie Maître du Festin. C'est le sobriquet que le peuple donna à Walter, Gentilhomme Danois, qui, le premier, introduisit le simulacre de la Maçonnerie dans ce Royaume. Tous les Grands de l'Etat & le Roi lui-même se firent initier. L'un de ses Descendans fut élevé au Trône à la mort de Marcolin, que d'autres nomment David, en 1371; & c'est pour perpétuer la mémoire de cet événement, que Walter abandonna son nom pour porter celui de Stuard. Selon la chronique de notre Auteur, le Lord Stuard est Chef de toutes les Loges, & il exige qu'à l'apparition d'un Ecossois, le Lord Stuard, ou son Représentant inconnu dans les Loges bleues, aille, accompagné de deux Freres armés, au-devant d'un Ecossois d'Ecosse qui n'est pas jugé digne d'administrer les fonds de la Caisse de son College, & avec qui les Chevaliers de la Palestine veulent bien s'abaisser de fraterniser. Qu'exige-t-il donc pour un Chevalier de la Palestine ? sans doute que toute la Loge doit se signer de son sang. Comment peut-il entrer dans la tête à des hommes, qui ne font pas sans mérite d'ailleurs, des absurdités, des extravagances de la nature de celles-ci ? Seroit-il donc vrai que l'on pût tout oser avec les hommes, & qu'il n'est point de contradiction qu'on ne puisse leur faire adopter par un charlatanisme enthousiaste) ?

29°. Les Grands Ecossois de Saint-André doivent formellement abjurer toute décoration étrangere à leur Grade; ne se revêtiront en conséquence d'aucun autre Cordon, si ce n'est du rouge attributif au Rose-Croix & au Maître Anglois (*C'est du parfait Maître Anglois ou de l'Ecossois de l'Anneau d'or dont il veut parler*), attendu que par tolérance, ces deux Grades ont été admis en Collège à l'exclusion de tous autres, particuliérement du soi-disant Grand-Inspecteur, Grand-Elu, ou Chevalier Kados, dont l'abus est manifeste, le vice radical, & la fable insoutenable & opposée diamétralement aux premiers vœux du Candidat, lorsqu'il reçoit la lumiere, & qu'il promet fidélité au Prince, à la Patrie & au bon ordre.

30°. Par une suite de l'article précédent, aucun Ecossois de Saint-André ne pourra participer ni assister à aucunes Loges, où se conféreroient d'autres

Grades que ceux d'Apprentif, Compagnon, Maître, Maître Anglois, Rose-Croix; & si quelqu'un desdits Ecossois, en quelque cas que ce soit, est trouvé revêtu d'aucuns ornemens différens, il sera déféré au College, lequel, après avoir CONFISQUÉ TOUS BIJOUX, RUBANS ET ATTRIBUTS AU PROFIT DE LA CAISSE D'ENTRETIEN, lui fera payer, pour la premiere fois, l'amende du TIERS DE SON DROIT DE RÉCEPTION (45 liv. 6 sols 8 den.), DE MOITIÉ (68 liv.) pour la récidive, DU TOUT (136 liv.) pour la troisieme rechûte, & enfin sera ledit Frere condamné à l'exclusion totale de tout Emploi pour la quatrieme fois, si malheureusement elle arrive.

31°. Le College Ecossois a le droit incontestable (*où l'a-t-il obtenu?*) de monter une Loge bleue toutefois & quantes il avisera bon être, & de la patenter. Il doit pourtant en user sobrement, si l'on est convenu dans le lieu d'admettre un Tribunal direct au Corps des Maçons bleus, pour ne point troubler l'ordre & l'harmonie (*quelque sobrement qu'il en use, il intervertira l'ordre & détruira l'harmonie*); ce qui est le premier vœu d'un Maçon. Pourra néanmoins ledit College attacher à sa suite une petite

Loge bleue pour initier les sujets qu'elle trouveroit aptes au College, & qui, par des raisons, ou ne voudroient pas se faire recevoir ailleurs, OU AUROIENT ÉTÉ REFUSÉS A TELLE OU TELLE LOGE. (Ceci est d'une inconséquence que le correctif qui suit ne peut pallier), si d'ailleurs ils sont bons & jugés tels; & alors leurs droits de réception pour les trois premiers Grades seront de QUARANTE-CINQ LIVRES, & 3 liv. 12 sols aux Servans : LE TIERS, tous frais prélevés, applicable à la grande Caisse (Celle des Chevaliers de la Palestine, qu'on ne fait qu'indiquer dans ces longs & presque futiles Réglemens), & le surplus à la Caisse de l'Entretien.

32°. Les Ecossois ne reconnoissent en fait de Maçonnerie aucune clandestinité ou bâtardise de Loge dérivant du défaut de Patentes constitutives, (*En effet, le parchemin ne constitue point la Loge; & lorsqu'il est distribué par des individus qui, incapables de définir ce qu'est le Maçon, ce qu'est la Maçonnerie, abusent de ce nom respectable, c'est le comble de l'opprobre, de l'avidité. La science, la vertu parfaite, forment la Loge réguliere; la pratique des bonnes mœurs l'entretient à toujours; & sa fidélité à l'Eternel, aux Puis-*

fances, assure sa conservation & son bonheur, en dépit des révolutions du temps. UN CORPS ANTIQUE ET VÉNÉRABLE DE CETTE SOCIÉTÉ *vient de se communiquer dans une circonstance atroce, indispensable. Sa douceur, sa modération dans la punition des coupables, sa délicatesse dans la vengeance de l'innocent, annoncent des qualités bien rares dans le siecle où nous vivons ; & il faut être descendu des vrais Maçons pour atteindre à cette perfection, qui, sans doute, leur méritera un jour* DE PAROÎTRE EN ROBES BLANCHES, ET AYANT DES PALMES A LA MAIN, *tandis que les cruels qui se sont permis de violer jusqu'aux notions admises chez les Nations sauvages, qui, plus barbarement encore, déchirent le sein d'Agar d'où ils sont sortis, en se donnant une Mere étrangere, au mépris des obligations les plus solemnelles, porteront un jour, s'ils ne font pénitence,* LE CARACTERE DE LA BÊTE A LA MAIN DROITE OU AU FRONT), parce qu'ils sont, comme il a été dit, parties capables de légitimer tout travail. Strictement liés aux termes fondamentaux de la Loi, ils tiendront pour Loge toute assemblée de bons Freres, composée de trois, complétée de cinq, perfectionnée, & rendant juste par sept, tenant seulement pour irréguliere toute séance tumultueuse contraire aux regles, sujette à la discorde, avilissante pour l'Art Royal par le choix des personnes, OU DÉGRADÉE PAR LES MONOPOLES PÉCUNIAIRES ET LES ABUS DE LA CHOSE ET DES MOYENS. (*Par ces dernieres paroles l'Auteur ne fait-il pas son procès à lui-même? Nous sommes dispensés sans doute de faire une récapitulation* DES OBJETS PÉCUNIAIRES *compris aux présens Réglemens, qui n'ont jamais existé en aussi grand nombre, aussi conséquens, ni dans une forme aussi sujette aux interprétations malignes, dans aucune espece de Loge que ce soit.* QUANT AUX ABUS DE LA CHOSE ET DES MOYENS, *nous croyons en avoir assez dit*).

33°. Aucun Frere Ecossois, malgré son engagement & réception, ne sera enregistré au grand Registre sur lequel il doit lui-même signer, qu'au préalable il n'ait acquitté ses droits convenus en présence de tous les Freres, ce qui se doit faire en plein College, & ne prendra date de réception ledit Frere, que du jour du paiement; ce qui peut par la suite nuire au privilege de l'ancienneté lors des promotions aux Offices & Dignités. (La singularité de cet article pourroit faire naître des plaisanteries que nous voulons taire).

34°. Si un Récipiendaire quelconque demande à se fournir par lui-même ses ornemens tels qu'on les donne à la réception, pour diminuer d'autant son déboursé actuel, il pourra lui être accordé, déduisant ainsi sur les droits la somme de 40 liv. à laquelle lesdits attributs sont évalués. Cette grace néanmoins doit être rare, & faite à des sujets bien connus, attendu que la demande en soi porte un caractere de méfiance malhonnête & injurieuse aux Colleges. (Pourquoi donner naissance à cette méfiance malhonnête, injurieuse au College? Il ne falloit pas en parler. Dans le fait il y a près de cent pour cent à gagner en se fournissant son Cordon, &c.).

35°. A chaque réception il sera prélevé sur les droits un salaire pour les Freres servans, qui, n'étant pas payés à part, & ne recevant rien des Récipiendaires comme dans les autres Classes de la Maçonnerie, doivent néanmoins être payés de leurs peines & de leur service.

36°. Si le College étoit établi en un lieu où il n'y eût point de Chapitre de la Palestine, & conséquemment point de Frere servant dudit Chapitre apte aux fonctions du College, il faudroit nécessairement initier un Servant quelconque audit Grade, dans la même forme que tout autre Frere, à la réserve de l'historique qu'on peut lui supprimer.

37°. Tout College établi où il n'y auroit point de Chapitre de la Palestine collectivement formé, suivra pour sa régie la forme ci-dessus indiquée dans toutes ses parties, rapportant aux plus anciens quatre fois R. M. E. ce qui a été dit au regard des Chevaliers. Si, par la suite, il arrive dans le lieu un Chevalier, lequel sera connu pour tel du College à l'ostension de son Certificat, sauf le temps nécessaire pour vérifier ledit Certificat en écrivant au lieu d'où il est daté, alors le College lui rendra les grands honneurs, lui présentant la Présidence, ce que le Chevalier doit refuser. Si, par la suite également, un Chapitre collectif venoit à se fonder sur le lieu, le College lui devra déférer sa Jurisdiction, la Régie & ses Livres, ce que le Chapitre n'accepte guere, se contentant de mettre chaque an son *visa* au bas d'iceux, & son attache au scrutin quartennal & annuel, sauf les abus que les Chevaliers sont toujours tenus de réprimer.

38°. Le scrutin quartennal, ainsi que l'annuel, doit être secret, & se fera dans la forme usitée en la Maçonnerie par les billets cachetés pour qu'il soit libre. Le quartennal doit être enregistré par le Maître des Cérémonies au grand Livre, l'annuel par le Commissaire au Bureau aux petits Regiſtres seulement. Chaque College doit donner avis à son Correspondant desdits scrutins en envoyant le Tableau ; mais aucun n'a besoin de l'aveu de l'autre pour cette opération, personne ne pouvant mieux connoître ses sujets respectivement que chaque College lui-même.

39°. Au-delà des quatre assemblées annuelles fixées pour réception aux jours ci-dessus marquées, il doit y avoir cinq Comités d'instruction pour compléter le nombre neuf caractéristique dans la racine de son cube pour les Ecossois. Ces Comités se tiendront en habit de Grade, en Salle, sans décorations, placés comme à l'ordinaire, vis-à-vis un grand Bureau couvert d'un tapis verd, traversé d'une Croix de Saint-André rouge, la Table garnie de neuf lumieres, & feront toujours lesdites Séances terminées par la célébration des santés de l'Ordre en poudre Angloise ou autre.

C'est à ces Comités que les Freres à ce préposés déféreront, autant qu'il se peut, les propositions des sujets à recevoir; & sur les témoignages & informations, il sera procédé au ballotage dont une balle rouge suspend l'effet jusqu'à prochain Comité, & ainsi jusqu'au cinquieme, où la persévérance de ladite balle rouge opere l'exclusion absolue, si les raisons de l'Opposant, qui doit les donner cachetées au College, ne sont pas personnelles, & d'ailleurs jugées bonnes & suffisantes. Dès le premier Comité, cinq balles rouges excluent sans retour; & dans tous les cas, on en doit donner avis aux Colleges correspondans. Les balles vertes sont l'aveu, couleur de l'espérance; les rouges sont une opposition formelle.

40°. Le College aura nécessairement deux Etendards, un rouge, cercle d'or, croisé de verd, à glands d'or; un verd, triangle d'or, croisé de rouge, glands d'or, pour rendre les honneurs aux Visiteurs, encore bien que le College soit déja orné de deux Drapeaux de la Palestine. Ceux-ci ne se pouvant mouvoir que pour un Chevalier, sont fixés près du Trône; les autres au bas de la Loge, portés par deux Freres qui seront nommés d'Office par le vénérable Lord Maître, de six en six mois, pour cette fonction. Le troisieme Office, sous le titre de *Porte-Enseigne*, ne peut être rempli que par des Freres militaires par état, & leur donne de plus une écharpe de taffetas rouge & verd, par bande mêlée pour support desdits Etendards.

41°. Tout Ecossois a fonciérement droit de visiter toute Loge bleue, & de s'en faire montrer les Registres ; mais ce procédé, qui tient trop de la prétention & d'un despotisme désagréable, ne doit pas s'exercer hors des cas de malversation connue, se bornant au surplus tout Ecossois à donner l'exemple de la bonne conduite, & à corriger, autant qu'il se peut, les torts accidentels par la voie conciliante de la représentation fraternelle & amicale.

42°. Si un College Ecossois étoit dans le cas de se transporter en corps de College à une Loge quelconque, il doit s'assurer auparavant d'y être reçu avec les honneurs à lui dûs ; savoir, que le Maître & les Officiers de la Loge viennent le recevoir à la porte de la Loge, chacun d'eux présentant à un des Dignitaires les attributs de son Poste : alors le College peut entrer, ses Etendards à la tête; & après avoir pris & occupé pour un moment les places offertes, vérifié si la Loge est réguliere & bien couverte, fait une instruction & une politesse, les choses seront remises en leur premier état.

43°. Les Maîtres Ecossois sont Grands Surveillans-nés de l'Ordre de la Maçonnerie. Ceux qui présideront à quelque Loge des autres Grades, ne prononceront, en cas de faute, aucune peine dans une Loge de Grade inférieure, contre un Maître Ecossois, qui ne peut être accusé par personne; mais la rapporteront au prochain College, à moins que le fait ne soit grave & urgent : alors entr'eux aucune punition ne sera légere; & en cas de disputes, querelles ou procès, les Maîtres Ecossois ayant leurs causes commises de droit par appel ou au Chapitre de la Palestine, s'il y en a un dans le lieu, ou au concours de tous les Colleges connus correspondans, faisant alors Tribunal Suprême, ils pourront s'y pourvoir; & lorsque l'un ou l'autre à son défaut aura prononcé, ils seront tenus de s'y conformer.

44°. Sur les premiers fonds possibles à colliger, tant de l'une que de l'autre Caisse, & par moitié pour chacune, il doit être fait un Sceau aux armes du College de Saint-André qui font les mêmes par-tout; favoir, quatre couronnes de perles en champ d'or, traverfées d'une épée, la pointe en haut pour écuffon, pofée fur une Croix de Saint-André, dont les croifillons dépaffent, furmontée d'une couronne à pointes antiques; le tout drappé du cordon, au bas duquel pendra le Bijou, & pour devife diftinctive & légende, *College, &c.....* & du nom du Titulaire.

45°. Le Timbre du College n'eft pas moins néceffaire, & fa fimplicité fera réglée arbitrairement, une fois pour toutes, par le College, ainfi que le cartouche gravé pour les Patentes que le College aura par la fuite à délivrer à fes Membres, ou à fes Conftitués.

46°. Il eft effentiel, s'il fe peut, d'avoir un Coin fur lequel on fera frapper des médailles d'argent pareilles à celle qui eft au contenu du Dépôt, le nom du College & l'année de fon érection au bas; au revers, *ex fummâ*, & pour légende: *Præmium virtutis, tutaque filentio merces*. Ces médailles font la récompenfe, à la fin de l'année, de tout Frere qui aura mérité du College par fon fervice & affiduité, & il pourra la porter à sa boutonniere, à un ruban couleur de feu, liseré de verd.

47°. Le jour auquel le Lord Maître délivrera les médailles, sera toujours incertain, afin d'obliger les Freres à l'exactitude; & s'il en manque quelques-uns lors de la distribution, les excédentes accroîtront au profit de chacun par rang d'ancienneté. Aucuns Dignitaires, une fois le Coin frappé, ne seront promus, s'ils ne peuvent montrer avoir remporté quatre prix de cette espece pour les élections quartennales, au moins un pour les annuelles.

48°. Le Lord Maître, de l'aveu du College, pourra aussi, en certains cas, gratifier des Visiteurs étrangers d'une médaille; ce qui sert à faire connoître le College au dehors, & lui acquérir de la célébrité. Ces mêmes médailles seront aussi, en certaines circonstances, la récompense du travail, du savoir, pour tel ou tel Frere, qui auroit produit un Ouvrage d'esprit analogue à l'Art Royal & utile, ou quelque découverte essentielle, ou quelque vérité historique, ou quelque moyen avantageux au succès de l'Œuvre des Maçons. Ce véhicule d'émulation, portant avec lui un caractere honorable, ôtera la sécheresse qui regne souvent dans les assemblées purement spéculatives, & qui est presque toujours la mere du dégoût & du relâchement.

49°. Aucun College nouvellement installé n'obtiendra de son Constituant la permission d'avoir un coin, qu'après un travail de deux années, qui atteste de sa conduite & de sa bonne formation, & ne lui sera accordé ladite faveur, qu'à la condition de gratifier chacun des Membres du College constituant, d'une desdites médailles ; ce qui néanmoins peut souffrir en tout l'article des modifications de convenance.

50°. Tout Membre Ecossois d'un College trouvera une copie des présens Réglemens entre les mains des quatre premiers Dignitaires, indépendamment de l'original qui reste au dépôt, afin qu'en cas de faute, il ne puisse exciper d'ignorance ; de sorte que s'il contrevient à aucuns desdits articles, outre la peine encourue par le délit en soi, il sera tenu, par forme d'amende, pour omission, de mettre VINGT-QUATRE SOLS à la Caisse de l'entretien, ne pouvant y avoir d'excuse au mal dont le remede est si fort à la portée d'un chacun.

51°. Les présens Réglemens seront lus à chaque Assemblée de Réception, c'est-à-dire, à-dire, quatre fois l'année; & les Freres, après les avoir ratifiés par leur consentement & signature une fois pour toutes, soit à la formation du College, soit à leur réception, seront tenus, à chaque lecture, de promettre solemnellement de s'y conformer; toute la force des liens les plus volontaires, quand ils tendent au bien, consistant sur-tout dans l'étroite observance des choses promises, réglées & convenues.

52°. Ne pourront en conséquence les cinquante-deux articles des présens Réglemens recevoir aucune variation, altération dans leur essence, ni même de modification, parce que le but est un & le sens de la loi indivisible. Pourront néanmoins y être faits tels supplémens & additions que le Chapitre de la Palestine, le College ou les Colleges jugeront à propos pour l'exigence des cas, la convenance des positions ou l'opportunité des lieux. Théodore-Henri, Baron DE TSCHOUDY, Grand Commandeur de la Palestine, Sérénissime Lord Maître du College Fondateur de Saint-Théodore de Metz X.

Pour Copie conforme à l'original approuvé, signé & consenti par tous les Freres

H

des Colleges, ainsi qu'il est au dépôt d'iceux.
Signé, Théodore - Henri, Baron DE TSCHOUDY, *Sérénissime Lord Maître.*

EXTRAIT des Registres secrets du College Fondateur, dit de SAINT-THÉODORE *de Metz.*

Art. 7. Ne pourront toutefois les Colleges ainsi constitués, s'arroger le droit d'en fonder un autre au préjudice du College Fondateur, avant que par le nombre de leurs Membres, ils aient atteint & complété celui de quatre-vingt-un effectif, auquel cas la redevance annuelle du Fondé au Fondateur ne sera plus que de SIX LIVRES par chacun, & réciproquement des uns aux autres.

Art. 11. Jusqu'au complettement du nombre de quatre-vingt-un Membres, le College fondé devra au Fondateur REMBOURSER EXACTEMENT, NET DE TOUS FRAIS, LE SIXIEME DES DROITS QU'IL AURA ÉTABLIS ET PERCEVRA de chaque Récipiendaire, sur le nombre desquels il ne peut y avoir erreur, chaque College devant annoncer à ses Correspondans la réception, le nom & la qualité des Candidats; & à défaut par le Col-

(171)

lege fondé d'acquitter cette redevance au Fondateur, il fera déchu de fa conftitution, fauf à s'en relever, ainfi qu'il eft dit à l'art. 17, &c.

Art. 14. Toutefois le complément de quatre-vingt un Membres fe peut opérer en un College nouvellement formé, ou collectivement, ou par parties, au dernier cas, & qui feroit le plus utile, fe divifant en trois Corps de vingt-fept chacun, affiliés au Chef-College, & ayant à leur tête des Vice-Lords, amovibles tous les quatre ans. Lefdits Corps prendront rang au Tableau, comme Colleges émanés du College principal du lieu, &c. &c. &c.

Pour Copie conforme à l'original extrait des Regiftres des Déliberations fecrettes du College Fondateur de Metz. Délivré à l'Orient de Paris, au College Saint***, le 27 Juillet 1766. Signé, Théodore-Henri, Baron DE TSCHOUDY, *Grand Commandeur de la Paleftine, Séréniffime Lord Maître du College Fondateur.*

F I

CPSIA information can be obtained
at www.ICGtesting.com
Printed in the USA
LVHW050159030621
689198LV00016B/986